LE
TRAVAIL

SA LOI ET SES FRUITS

PAR

Camille RABAUD

PRIX : 2 FRANCS.

Se vend au profit des veuves, des orphelins et des blessés
de Pologne.

PARIS

E. DENTU, LIBRAIRE-ÉDITEUR

PALAIS ROYAL, GALERIE D'ORLÉANS

1864.

LE
TRAVAIL
SA LOI ET SES FRUITS

TOULOUSE, IMPRIMERIE DE A. CHAUVIN, RUE MIREPOIX, 3.

LE
TRAVAIL

SA LOI ET SES FRUITS

PAR

Camille RABAUD

L'oisif de corps et d'esprit est un pauvre
insensé autant à plaindre qu'à blâmer.

(BOUCHARDAT.)

PARIS

E. DENTU, LIBRAIRE-ÉDITEUR

PALAIS ROYAL, GALERIE D'ORLÉANS

—

1864

COMITÉ CENTRAL FRANCO-POLONAIS.

AUX AMIS DE LA POLOGNE.

AUX AMIS DE LA JUSTICE ET DE L'HUMANITÉ.

L'hiver est venu, le cruel hiver du Nord, avec son cortége de misères, qui s'ajoutent aux horreurs d'une guerre sans merci.

L'insurrection polonaise, abandonnée jusqu'ici de l'Europe, pour laquelle elle combat, luttant de ses mains presque désarmées contre les masses militaires de barbares qui occupent toutes les forteresses, toutes les villes de Pologne, l'insurrection polonaise a duré, elle dure toujours, par les prodiges d'un dévouement sans exemple et sans bornes, par la conspiration de tout un peuple, par l'immolation volontaire de toutes les conditions, de toutes les classes, de tous les rangs.

1

Mais les ressources de la Pologne s'épuisent chaque jour. L'ennemi qui a détruit autrefois par la fraude et la force l'Etat polonais, fait maintenant la guerre, non plus au corps politique, mais à la société, à la propriété, à la famille, à la conscience, à l'humanité tout entière; combinant la fureur exterminatrice des hordes tartares avec la science fiscale et administrative du Bas-Empire, il s'efforce, par l'anéantissement de tous les droits civils et la spoliation de toutes les fortunes, de tarir toutes les sources où s'alimente la résistance nationale; il ruine les propriétaires et les commerçants, dépeuple la capitale, déporte en masse les villages forestiers, enlève ou détruit les récoltes et les instruments de travail, et interdit le trafic des vêtements d'hiver à l'usage des classes populaires, afin d'envelopper les insurgés dans le linceul de mort tendu par la misère et le froid sur tout un peuple.

La misère et le froid, voilà les auxiliaires dont les journaux moscovites célèbrent déjà les services avec une odieuse joie, et qu'ils associent, dans leur reconnaissance, aux Kosaks et au bourreau.

Des armes et des vêtements aux bandes héroïques qui se renouvellent incessamment pour combattre et mourir !

Ce que leurs frères, dépouillés, proscrits, traînés en Sibérie, ne peuvent plus leur donner, que leurs amis du dehors, que les amis de la justice et de l'humanité le leur donnent ; que les simples citoyens se hâtent de suppléer, dans la mesure de leurs forces, à ce que ne font pas les puissances, à ce que nous espérons toujours voir faire par la France !

Au nom de tout ce qu'il y a de sacré en ce monde, nous conjurons tous ceux qui ressentent dans leur cœur les outrages que des spectacles monstrueux infligent chaque jour à la civilisation, nous les conjurons de protester, par leur généreuse assistance, contre les égorgements, les déportations en masse, les outrages aux femmes, le vol et la dévastation universelle, érigés en système de gouvernement.

Le duc d'HARCOURT (Eugène), *président.*
BARROT (Odilon), ancien représentant, *vice-président.*
CARNOT (Hippolyte), ancien représentant, *vice-président*
SAINT-MARC GIRARDIN, de l'Académie française, *vice-président.*

LAFAYETTE (Edm. de), ancien représ., *vice-président, trésorier* du Comité.
DUTRÔNE, conseiller honoraire,
LEGOUVÉ (Ernest), de l'Acad. franc., *secrétaires du*
LASTEYRIE (Ferd. de), anc. représ., Comité.
CHODZKO (L.), anc. aide de camp du génér. Lafayette, *archiviste* du Comité.

ALLIER, ancien représentant.
ASSAILLY (Ch. d'), ancien ministre plénipot.
AUMONT-THIÉVILLE, notaire à Paris, ancien député.
BARON (Léon), ancien député.
BEAUMONT (Gust. de), ancien représentant.
BERTIN (Ed.), directeur du *Journal des Débats*.
BERVILLE (S.-A.), anc. représ., président honoraire à la Cour impériale.
BIESTA (Hippolyte).
BIXIO (Alexandre), ancien représentant.
CAMBACÉRÈS (Etienne, comte de), député au Corps législatif.
CHARTRON (Edouard), ancien représentant.
CHOPIN (Jean-Marie), littérateur.
COCHIN (Augustin), anc. maire et membre du conseil municipal de Paris.
CRÉMIEUX (Adolphe), anc. représentant.
DE LA CHÈRE, avocat au conseil d'Etat et à la Cour de cassation.
DELAMARRE, directeur de *la Patrie*.
DELORD (Taxile).
DEMARÇAY (Horace), ancien député.
FOUCHER DE CAREIL (comte A.).
GUÉROULT (Adolp.) député, rédacteur en chef de *l'Opinion nationale*.
HAVIN (Léonor), député, directeur du *Siècle*.
JOUVENCEL (Ferd. de), anc. député, anc. conseiller d'Etat
LAFAYETTE (Oscar de), anc. représentant.
LA FORGE (Anatole de).
LANFREY (Pierre).
LARABIT (Denis), sénateur.
LAURENT (de l'Ardèche), ancien représentant.
LEFÈVRE-PONTALIS (Antonin).
LUNEAU, ancien représentant.

Marie (Alexandre), député.
Martin (Henri).
Montalembert (Ch., comte de), anc. pair de France, membre de l'Académie française.
Nefftzer (Auguste), directeur du *Temps*.
Noailles (marquis de).
Pillet (Auguste), direct. du *Journal des Villes et des Campagnes*.
Regnault (Elias).
B. Sarrans jeune, ancien représentant.
Scudo (Pierre), rédact. de la *Revue des Deux-Mondes*.
Vavin (Hip.), direct. adj. de la Caisse générale des assurances agricoles.
Wolowski (Louis), anc. représent., membre de l'Institut.

L'argent ou les mandats sur la poste ou sur les banquiers, doivent être adressés au nom de M. Edmond de Lafayette, vice-président et trésorier du Comité, *quai Malaquais, 3, à Paris*.

Les correspondances, ainsi que les listes de souscripteurs, soit manuscrites, soit insérées dans les journaux départementaux, seront envoyées à la même adresse, *quai Malaquais*, 3, au nom de M. Léonard CHODZKO, *archiviste* du Comité.

Ce suprême appel, signé des noms les plus honorables et les plus éminents, nous a remué comme un cri de détresse.

C'en est donc fait, la Pologne agonise.

Les épouvantables cruautés des bourreaux

et le courage résolu des victimes, poussé jusqu'au plus grand héroïsme qu'ait contemplé l'histoire ; le cours de la justice suspendu ; les confiscations, les emprisonnements, les exils, les arrêts de mort, les massacres de populations entières et les incendies des villages, — sur le plus futile prétexte, sur un simple soupçon, ou par pur caprice, par vengeance, par basse cupidité ; — la défense, sans exemple, de pleurer des morts chéris et de porter leur deuil ; la foi même persécutée ; la prière stigmatisée comme une arme insurrectionnelle ; les prêtres forcés de choisir entre la déportation ou la lecture en chaire des mandements des Mourawiefs ; — tout cela n'est donc pas plus un rêve qu'une calomnie !

C'est une trop lamentable réalité, aujourd'hui plus poignante que jamais, qui dure comme par miracle depuis un an et qui durera jusqu'à ce que la Pologne ne soit qu'un vaste tombeau et son noble peuple qu'un souvenir.

Ah ! pitié pour cette malheureuse nation ,
« dont les droits sont inscrits dans l'histoire et
» dans les traités » (1) ; — pour ses prêtres,
que nous voudrions voir , nous ministre d'un
autre culte , célébrer le leur en paix et en liberté ; — pour tant de veuves et d'orphelins ,
auxquels « des tigres altérés de sang » (2) font
un crime d'aimer leurs maris et leurs pères !
Pitié pour les innombrables déportés en Sibérie,
d'où l'on ne revient plus, — qui , — à 3,000
lieues de distance, par 30 degrés de froid,
condamnés aux mortels travaux des mines et
des forges , — ne tardent pas à succomber ,
sans autre consolation que l'espérance « des
nouveaux cieux, où la justice habite » ! Pitié,
enfin , pour les vaillantes légions qui s'immo-
lent avec enthousiasme sur l'autel de la patrie,
et pour les blessés qui n'échappent au glaive

(1) Discours de l'Empereur à l'ouverture des chambres.
(2) Paroles d'un général français, membre du Sénat, dans la discus-
sion de l'adresse.

moscovite que pour tomber dans les horreurs de l'abandon et de la misère !

« Au nom de tout ce qu'il y a de plus sacré en ce monde, » nous supplions les lecteurs de ces lignes, qui jouissent de toutes les douceurs du foyer domestique, de la paix, du bien-être, de la sécurité, — nous les supplions de se souvenir de ceux qui sont sans abri, sans famille, sans vêtement, sans nourriture, sans repos, — errants, — dépouillés et meurtris, mais non découragés, — sous le ciel glacé du Nord, au milieu des bois humides ou des steppes blanchis de neige.

Nous les supplions, au nom de Dieu et de l'humanité, de refouler les odieuses suggestions de l'égoïsme naturel, — « de souffrir » avec ceux qui souffrent, » avec tant d'infortunés qui sont leurs frères, — et de renouveler leurs sacrifices, en faveur des veuves, des orphelins et des blessés de la nation martyre.

Nous-même, nous ne publions cette étude

sur le *Travail*, que pour obéir à la profonde
sympathie qu'ils nous inspirent. Composée
dans une heure de loisir, — tout à fait étrangère à la politique et à la question polonaise,
— elle dormait paisiblement dans nos cartons,
d'où elle ne serait point sortie, sans l'appel si
émouvant du Comité central. Mais notre conscience nous a fait un devoir de répondre,
selon nos forces, à cet appel.

Seulement, que faire pour que notre désir
devînt sérieusement efficace ? A une offrande
individuelle, il fallait en associer un grand
nombre d'autres. Alors, nous souvenant du
mot de Henri IV : « Le Béarnais est pau-
» vre, mais, ce qu'il a, de bon cœur il le
» donne, » nous avons fait litière de tout vain
amour-propre et donné de bon cœur le peu
que nous possédions. Nous l'avons entièrement
consacré à la cause polonaise, dans l'espoir
qu'il se trouverait des âmes chrétiennes pour
seconder notre entreprise : d'abord en acqué-

rant et en répandant le modeste volume, à l'intention de la Pologne ; puis, en adressant tout autre secours, qu'elles jugeraient à propos, soit à l'auteur lui-même, soit au Comité franco-polonais de Paris.

Si ce petit écrit, indépendamment de l'intérêt réveillé pour la Pologne, inspirait à quelques personnes un sentiment plus vif des avantages et de l'obligation du labeur personnel, — nous serions doublement récompensé d'avoir pu contribuer, tout en répandant un peu de baume sur des plaies saignantes, — à propager ou à réchauffer dans les cœurs le saint amour du *Travail*.

Camille **RABAUD**,

Pasteur.

PREMIÈRE PARTIE.

La loi du travail.

« Tu travailleras six jours et tu feras toute
» ton œuvre »
(Ex., XX, 9).

CHAPITRE PREMIER.

L'OBLIGATION MORALE DU TRAVAIL.

« Le travail est la loi du monde, loi de
» vie, de justice et d'amour. Vous le re-
» trouverez partout, à tous les degrés de
» l'être, au plus bas, au plus haut ; rien
» n'y échappe. »
(STANISLAS SCHMIT.)

I. Le travail dans les trois règnes. — II. Le travail en Dieu et dans ses grands serviteurs. — III. Le travail partout, en tout temps, depuis l'Eden jusqu'à nos jours. — IV. La nature, la nécessité, Dieu, font du travail une loi positive. — V. Importance capitale de cette idée de loi.

I.

Le travail est une loi universelle. Il n'est point d'objets, d'êtres, qui, plus ou moins, n'y soient assujettis. Sans doute, il y a d'énormes différences entre les travaux du minéral, de la plante et de l'être animé. Toujours est-il que, dans chacun des trois règnes de la nature, rien ne s'accomplit soudainement, d'une manière magique, indépendante de la substance qui forme le théâtre du phénomène; tout y est action lente et mouvement intérieur.

Quel prodigieux déploiement d'activité de toutes parts ! Les milliers de millions d'astres, semés comme une poussière étincelante dans l'azur du ciel, ne se lassent point de décrire, avec autant d'ordre que de rapidité, leurs immenses courbes.

Notre globe, — imperceptible atome obéissant à la double évolution qui l'entraîne, — marque les saisons, les jours et les nuits, comme un balancier parfait. — Les vents qui agitent violemment son atmosphère, balaient au loin les miasmes qui l'infectent. — Les fleuves qui courent à sa surface, emportent à la mer ses eaux superflues. — Sa croûte, sous laquelle bouillonne encore le fluide incandescent, stimulée par des agents chimiques, pousse un jet abondant et varié. Les végétaux qu'elle porte s'assimilent ses sucs nourriciers; grâce au double courant de séve qui circule à travers leurs tissus, ils se couronnent, en leur temps, de fleurs, de feuilles, de fruits. Et, dans ses entrailles, la roche et le minéral, par voie de mystérieuse agrégation, mettent des siècles à se constituer définitivement.

Les germes, déposés en infinie multitude dans l'œuvre créatrice, se développent sans relâche; et l'on dirait qu'ils ont besoin de faire effort pour s'épanouir dans leur plénitude. En sorte que le monde apparaît comme un vaste laboratoire, où tout, pour parvenir à l'être, doit traverser un nombre déterminé d'évolutions progressives. Cependant, ce travail de la nature inerte est un simple mouvement chimique ou mécanique plutôt qu'un travail proprement dit.

Le nom de travail ne s'applique rigoureusement qu'à l'action des êtres animés. On trouve en certains animaux de merveilleux travailleurs,

Sous l'éperon de l'instinct ou du besoin, ils accomplissent, parfois, les plus étonnants travaux. Pour n'en citer que quelques-uns, quels chefs-d'œuvre d'infatigable labeur et de perfection, que la toile de l'araignée, le nid de l'oiseau, la digue des castors, la souterraine habitation des fourmis, la ruche des abeilles ! Une ruche d'abeilles et un essaim tourbillonnant..... est-il un plus ingénieux symbole du travail? Quand on parcourt les ouvrages de Michelet sur l'*Insecte*, de Toussenel et de Le Maout sur les *Oiseaux*, d'Huber et de Dufour sur les *Fourmis*, de Réaumur et de Lombard sur les *Abeilles*, — on est confondu de voir tant d'énergie et de calcul dans quelques animaux, dans quelques obscurs insectes, en qui l'on ne soupçonnait guère des qualités si supérieures (1).

(1) L'histoire de Tamerlan raconte qu'un jour ce célèbre guerrier, traqué par ses ennemis, dut se réfugier au milieu de quelques ruines. Profondément abattu, il se prend à désespérer de son avenir, et il est en train de renoncer à ses vastes projets de conquêtes, lorsqu'il aperçoit une fourmi qui, avec beaucoup de peine, portait sur un léger renflement de terre, un grain de blé plus gros qu'elle. Il l'observe : à peine

II.

Quelque admirable que soit leur travail et de quelque volonté qu'il paraissent doués, les animaux agissent sans détermination parfaitement nette et consciente. Ils subissent le joug de leur organisation propre, comme des instruments aveugles et passifs. Ce qu'ils font, ils ne peu-

parvenue au sommet, elle roule avec son grain, remonte avec lui et retombe encore. Ce ne fut qu'à la soixante-neuvième fois qu'elle réussit. Cet exemple réveilla l'énergie du fugitif ; et plus d'une fois, dans la suite, il lui fut encore salutaire : *Va , paresseux, vers la fourmi, considère ses voies et sois sage* (Prov., VI, 6).

C'est le cas d'ajouter à ce trait celui de l'abeille solitaire, qui creuse, non sans difficulté, un trou dans le sable , et qui, après y avoir déposé son œuf, va chercher jusqu'à dix , douze vers qu'elle y place les uns sur les autres. Alors seulement elle scelle le trou; son œuf s'y transforme en ver , lequel se nourrit successivement de tous les vers superposés. Cela fait, sa croissance étant justement suffisante, il se change en nymphe, puis en guêpe parfaite qui perce la fermeture du trou et prend son vol.

Et que dire du pic vert, *cet idéal du travailleur*, d'après Michelet ? — de la bête fauve qui, ayant manqué sa proie dans un élan, s'exerce des heures entières à répéter le même saut, pour mieux réussir une autre fois ? et, en général, du labeur excessif des animaux , gros et petits, courant sans relâche, par monts et par vaux , après leur nourriture ?

vent ne pas le faire, ni le faire autrement qu'ils le font.

C'est dans la sphère du monde intellectuel et moral, que se rencontre le travail, vraiment digne de ce nom.

Fixons d'abord nos regards sur celui qui commande en souverain à la nature. S'est-il réservé les mollesses de l'oisiveté, semblable à ces despotes orientaux qui se déchargent de tout soin sur la nuée de leurs serviteurs ? Bien au contraire ; on dirait que, pour donner l'exemple, il met sa gloire dans une incessante activité : *Mon Père agit continuellement*, dit Jésus-Christ (1). — Après avoir agi pour la création de son œuvre, il agit pour la conserver ; car les lois, par lesquelles il la gouverne, ne sont que ses volontés mêmes, constamment réitérées ; en sorte que les actes, par lesquels il conserve, équivalent à des actes de création continue. — Il agit sur la conscience humaine, par la grâce,

____

(1) Jean. V, 17.

sans porter aucune atteinte à la liberté morale ;
l'homme reste moralement libre, et cependant
il se sent conseillé ou repris, entraîné ou arrêté ;
ces divers états d'âme, plus ou moins indépen-
dants de sa volonté, quelquefois même contrai-
res à ses désirs, n'attestent-ils pas l'action, le
travail de Dieu sur la conscience ? — Dieu agit
encore dans l'histoire : que d'événements inop-
pinés qui se jettent à la traverse des entreprises
les plus mûrement réfléchies ! Que de conséquences opposées à toutes les prévisions ! Que
de morts ou de guérisons, de catastrophes ou
de succès inespérés, inexplicables dans les conseils bornés des hommes, mais parfaitement
concertés dans un conseil plus haut ! C'est que
« *l'homme s'agite et que Dieu le mène* » ; c'est
que Dieu gouverne les événements de l'histoire,
comme les impulsions de la conscience, comme
les lois de la nature. Il tient dans ses mains
le long enchaînement des causes ; il élabore
mystérieusement, pendant des siècles, la réalisation de ses profonds desseins ; et, « *quelque-*

fois, sans que nul s'y attende, il frappe de ces grands coups, dont le contre-coup porte si loin » (1).

Après Dieu, un mot sur *ses anges* représentés comme les émissaires de ses ordres. Sans mentionner les endroits où la Bible fait si souvent intervenir ces messagers célestes, qui ne se souvient de la vision de l'échelle des anges? L'échelle immense se dresse de la terre au ciel, partant des pieds de Jacob jusqu'aux pieds de Dieu ; et les anges montent et descendent, portant à Dieu les soupirs des hommes et aux hommes les volontés de Dieu! Touchant symbole! démontrant qu'au ciel même l'activité n'est point inconnue.

Si, des anges de Dieu, on passe à la sainte personne *de son Fils,* que voit-on en lui? Une existence consacrée à la peine, au sacrifice, et un but : travailler au salut des pécheurs. Il va de lieu en lieu faisant du bien et répandant, au prix de sa paix et de sa vie, des flots de sain-

(1) Bossuet.

teté, de lumière, d'espérance et d'amour. Tout cela n'était-il pas l'œuvre d'un bon berger, ramenant au bercail ses brebis égarées? Son existence entière ne fut-elle pas un rude, un accablant labeur?

Mentionnons enfin *ses apôtres*, simples artisans pour la plupart, qui, sans armes, sans crédit, sans science, entreprirent la conquête du monde. Que ne durent-ils pas déployer d'énergie, supporter de fatigues, livrer de luttes, endurer de souffrances! Et pourtant, seuls, contre les littérateurs jaloux des ressources de la poésie mythologique, contre les prêtres nourris de l'autel, contre les empereurs tremblant pour leurs trônes, contre le fanatisme des multitudes, seuls, par leur indomptable foi et des travaux de toute sorte, — ils triomphèrent de vingt obstacles divers et réussirent à planter la croix au milieu des nations.

III.

Partout et en tout temps, le travail apparaît comme la condition générale de l'humanité.

En Eden même, dit la Genèse (1), c'est « *pour cultiver et garder le jardin* » que l'Eternel y place l'homme ; ce qui présente évidemment le travail, non comme une punition de la chute, puisqu'il la précède, mais comme une simple condition naturelle de l'humanité.

Aussi voit-on les peuplades les plus barbares recourir au travail pour pourvoir à leur subsistance : la pêche, la chasse, l'agriculture, la garde des troupeaux sont les occupations des hommes primitifs. Au fur et à mesure qu'ils se groupent en société, leurs besoins se multiplient et leurs travaux se perfectionnent. On comprend qu'aux époques les plus reculées, le père de famille, tenu de pourvoir à tout, dut mettre un

(1) Gen., II, 15.

peu la main à tout ; mais, plus tard, insensiblement et par la force des choses, se formèrent
les artistes spéciaux ; finalement, les idées, après
de multiples échanges, produisirent les industries, les sciences et les arts, appelés, sous le
doigt du progrès et du temps, à une destinée si
brillante et si féconde.

Avant le déluge, Tubal-Caïn travaillait les
métaux, « *l'airain et le fer,* » et son frère Jubal
confectionna quelques instruments de musique,
« *le violon et les orgues* » (1).

Plusieurs peuples se disputent l'honneur d'a-
voir inventé l'art de filer, de tisser et de cou-
dre : les Chinois l'attribuent à . l'impératrice
Yao (2), les Lydiens à Arachné (3), les Péru-
viens à Mama-Oella (4).

Quoi qu'il en soit, la tisseranderie et la tannerie
remontent à une époque fort reculée, puisqu'il

(1) Gen., IV, 21, 22.
(2) Martini, *Hist. de la Chine*, I, 61.
(3) Ovide, *Métam.*, I, 6.
(4) *Hist. des Incas*, I, p. 22, 31.

est dit (1) qu'Abraham refusa tout du roi de Sodome, depuis *un fil* jusqu'à *la courroie des souliers*, et qu'il est parlé ailleurs (2) de voiles, de tuniques rayées de plusieurs couleurs, de robes de coton très-fin, de navettes et de trames de tisserand.

Platon estime que la tisseranderie est un art des plus anciens (3). Quelques-uns attribuent aux Sidoniens et aux Phéniciens l'invention des toiles de lin. Ce qu'il y a de positif, c'est qu'avant la conquête de Josué, les métiers, les arts, l'industrie, le commerce ont atteint, chez les Cananéens et les Phéniciens, un assez grand développement : — on y rencontre des épées, des couteaux, des arcs, des flèches, des idoles, toute sorte d'ustensiles et de vases, la fleur de farine et jusqu'à des mets capables de « *fournir les délices royales* » (4). On y connaissait les voiles

(1) Gen., XIV, 23.
(2) Gen., XX, 16; XXIV, 65; XXXVII, 3; XLI, 42.
(3) *De leg.*, III, 305.
(4) Gen., XXXI, 19, 34.

des femmes, les vêtements de luxe, « *robe bi-garrée de Joseph* » (1), des bracelets d'or , des pendants d'oreille et de nez de même matière (2). On fabriquait des idoles, on gravait des cachets, on teignait en cramoisi (3). Des caravanes apportaient en Egypte « *des drogues, du baume, de la myrrhe* », en échange des produits de ce pays (4). Au temps d'Abraham déjà, « *l'argent avait cours entre marchands* » (5). Et Jacob, en bénissant ses fils, parle de ports et de vaisseaux (6).

Les peuples de l'Assyrie (7) et de la Babylonie (8) connaissent également beaucoup d'industries ; et ils transmettent leur civilisation , relativement avancée , aux Egyptiens, ces puis-

(1) Gen., XXXVII, 3 ; XXXVIII, 14.
(2) Gen., XXIV, 22.
(3) Gen., XXXVIII, 18, 27.
(4) Gen., XXXVII, 25.
(5) Gen., XXIII, 16.
(6) Gen., XLIX, 13.
(7) 2 Rois, XVII, 4.
(8) Diodore, II, p. 123.

sants travailleurs, dont les célèbres pyramides portent si haut le néant de l'homme : en Egypte, le travail est à l'ordre du jour. Spécialement dévolu à une des quatre classes qui se partagent la société, nul, dans cette classe, ne peut s'y soustraire : une loi de l'Etat oblige chaque citoyen d'apprendre et d'exercer le métier de son père. Les sciences, les métiers, les arts y florissaient dès longtemps ; et l'on sait que Pharaon, en nommant Joseph surintendant du royaume, lui remet un anneau et un collier d'or (1). Quelques auteurs prétendent que les Egyptiens sont les premiers qui ont introduit l'usage, pour les tisserands, de travailler assis ; auparavant, les chaînes, étant verticalement tendues de haut en bas, les obligeaient à se tenir debout devant leurs métiers.

C'est dans leur séjour en Egypte que les Hébreux s'approprient les connaissances de leurs maîtres ; ce qui explique comment les Juifs,

(1) Gen., XLI, 42.

malgré l'exclusivisme national, qui les faisait vivre solitaires au milieu du mouvement des peuples, n'en étaient pas moins initiés à une multitude d'industries. Déjà, dans le désert, ils surent bien se façonner un veau d'or, à l'imitation de l'idolâtrie; car l'idolâtrie, qui a beaucoup favorisé la sculpture, déteignit sur ce peuple « *de col roide* », qui souvent délaissa l'Eternel pour les faux dieux. La magnificence du tabernacle, confectionné au désert, la beauté des détails et la richesse des matériaux (1) donnent une idée de ce que pouvaient alors les Hébreux. Plus tard, lorsque Salomon érigea le splendide temple de Jérusalem, il s'entoura d'une foule d'ouvriers habiles, de maçons, de charpentiers, de forgerons et d'orfèvres (2). — Dans la tribu de Juda, était une vallée appelée *des artisans*. — Dans les jardins du roi habitaient même deux familles d'ouvriers : l'une,

(1) Ex., XV.
(2) 1 Rois, VII, 13 et suiv.

de tisserands de fin lin ; l'autre, de potiers pour vases et ornements. — Enfin Esaïe, dans ses menaces contre le peuple, prophétise lugubrement que Dieu ruinera Jérusalem et en ôtera même les savants dans les arts et jusqu'aux simples artisans (1). — Mais c'était surtout dans l'agriculture qu'Israël, qui n'a jamais été un peuple artiste ou industriel, exerçait son activité :

Et tous devant l'autel avec ordre introduits ,
De leurs champs dans leurs mains portant les premiers fruits ,
Au Dieu de l'univers consacraient les prémices.

L'évidence du fait dispense de toute citation. Les Grecs héritèrent, comme Israël, de la civilisation égyptienne ; et les Romains, à leur tour, héritèrent de la civilisation grecque. Il suffit de nommer ces deux grands peuples pour qu'immédiatement l'esprit évoque le souvenir des merveilleux travaux artistiques des premiers, — des

(1) Fleury , *Mœurs des Israélites*, p. 43.

innombrables conquêtes, de la puissance orga-
nisatrice et des colossales constructions des se-
conds, qui ont tout marqué de l'empreinte des
géants. Il faudrait des volumes pour suivre,
dans l'histoire, les développements successifs
des divers travaux et des nombreuses indus--
tries des peuples, et nous ne pouvons faire
qu'une revue à vol d'oiseau (1).

(1) Pour nous borner à l'industrie si importante du tissage, Pline déclare que les anciens Gaulois excellaient dans la fabrication des toiles de
lin. Au douzième siècle, on en trouva un grand nombre dans les tom-
beaux de Saint-Germain-des-Prés. Les premières toiles de chanvre ne
furent faites que deux cents ans avant les croisades, vers la fin du hui-
tième siècle ; et leur usage ne devint général qu'au douzième siècle. Ce
qu'on appelle toile peinte, à l'instar de ce qui se fait dans l'Inde, existe
depuis longtemps en France, puisque le roi Charles VI, 1380, fit présent au sultan Bajazet de toiles semblables, avec de belles tapisseries de
Flandre représentant les batailles d'Alexandre. — Quant aux tissus de
soie, l'usage en était connu en Chine dès la plus haute antiquité ; il pé-
nétra assez tard chez les Romains, et il paraît que l'empereur Hélioga-
bale fut le premier qui porta une robe de soie. On dit que deux moines
persans, voyageant en Chine, y surprirent les secrets de l'éducation du
ver à soie, et rapportèrent à Constantinople de la graine de mûrier dans
des cannes creusées, vers le sixième siècle. — Ce ne fut qu'au quin-
zième siècle que la France posséda des fabriques de soieries. Les premiers ouvriers s'établirent à Tours, sous le règne de saint Louis ; et
Lyon, de bonne heure, se signala par ses soieries et ses velours, qui
devaient lui donner plus tard tant de renom et de richesse.

Après les anciens, l'ère chrétienne n'a-t-elle pas été une ère de laborieuse transformation, d'impulsion profonde imprimée à toutes les branches dans le domaine intellectuel et matériel? Le moyen âge lui-même, par ses monumentales basiliques, dont l'érection durait des siècles et dont quelques-unes (celle de Cologne) s'achèvent encore à peine, — ne témoigne-t-il pas d'une puissance de travail égale à la puissance de sa foi? — Et dans l'ordre intellectuel et spirituel, — quels deux vaillants piocheurs que la Renaissance et la Réformation! Que d'idées et de principes ne remuèrent-elles pas! Quel réveil de l'esprit humain et de la conscience! Et quelles œuvres si considérables, par l'étendue et la valeur, que les œuvres des savants et des croyants de ces jours-là! Aussi le monde fut-il alors refondu comme dans un moule nouveau. — Et actuellement, dans ce siècle de fiévreuse activité, où la fortune semble être devenue l'unique point de mire de toutes les ambitions, quelle innombrable quantité de têtes et de mains s'agitent et travaillent, à toute heure, sur la surface du globe! Le marchand est à son commerce, le laboureur à sa charrue, l'homme d'Etat dans son cabinet, l'écrivain après ses manuscrits, le mineur dans les entrailles du sol, le chasseur indien dans ses forêts séculaires, le pilote sur les mers, l'artisan dans son atelier; — noble phalange, dont l'ensemble constitue le plus solide fondement de l'ordre social.

IV.

On le voit : en tout temps, en tout lieu, l'homme travaille, met en œuvre ses talents, ses forces, ses ressources. C'est qu'il est dans la nature de l'homme d'exercer une activité quelconque, — de se livrer à un travail conforme à ses goûts et à ses besoins; — c'est que le travail est une nécessité, une nécessité matérielle et morale, qui rend seule possible la vie civilisée.

En outre, Dieu, principe lui-même de toüte activité, impose le travail à tous les êtres, en particulier à tous les hommes. Traçant à chacun sa tâche, il commande à tous, de la manière la plus absolue, de *travailler six jours et de faire toute leur œuvre*, et il ajoute, par la plume de saint Paul, que « *celui qui ne veut pas travailler ne doit pas manger* » (1).

De tout cela ressort, à nos yeux, que le travail est une des *lois* de l'univers, *une loi* naturelle et générale, une obligation sacrée, à laquelle nul, sans faillir gravement, ne saurait échapper.

V.

Nous regardons comme capitale cette idée de loi. Ce seul mot embrasse le sujet dans son entier, parce qu'il implique à peu près toutes les notions qui le constituent : Qui dit loi, dit:

(1) Ex., XX, 9. 2 Thes., III, 10.

esprit, *sanction*, *mobiles*, *effets* de la loi ; et ce sont bien là aussi les données essentielles de notre sujet. Longtemps nous avons cherché une idée, vaste et juste, qui pût servir de point central, pour relier, en un tout homogène, les divers points de vue sous lesquels le travail peut être envisagé. Et il nous a semblé que le travail, considéré comme une loi, une loi universelle, obligatoire, bénie dans ses résultats, formait l'unité intérieure, propre à nous servir de lumière et de conducteur.

CHAPITRE II.

LA NATURE DU TRAVAIL.

« Heureux ceux qui peuvent dire comme
» Cyrus à ses compagnons : « Nous avons
» la conscience d'avoir commencé , dès no-
» tre enfance, à nous exercer à des tra-
» vaux utiles et honorables. » — Et c'est
» la voie dans laquelle nous voulons mar-
» cher. »

(XÉNOPHON.)

I. Le travail physique. — II. Le travail intellectuel. — III. Examen des objections au travail.

I.

Le travail, disent les économistes, est « *l'application des facultés de l'homme à la production.* » Ces facultés sont diverses; et de cette diversité, naît la division toute naturelle du travail en : travail physique et travail intellectuel, selon les facultés du corps ou de l'âme qu'il met en jeu.

L'homme est fait pour le travail, comme le poisson pour la nage et l'oiseau pour le vol. Tout l'indique : la structure de son corps, la disposition de ses membres, le milieu dans lequel il vit, l'état du globe qu'il habite et les nécessités qui le pressent. C'est, sous l'impulsion des premiers besoins, que les sciences, ces filles tout à la fois et ces inspiratrices du travail, furent premièrement connues. Le proverbe : *Le paresseux ne rôtit point sa chasse,* dut être la formule d'une expérience fort ancienne. Manger, se vêtir, se loger, se défendre, etc., sont autant d'aiguillons qui, de bonne heure, stimulent l'indolence et tournent l'esprit vers une active invention (1). — Quant aux arts, comme ils n'ont trait qu'au superflu, ils ne surgissent qu'en se-

(1) J.-J. Rousseau, dans son fameux discours présenté à l'Académie de Dijon, soutient, par des arguties et de fausses données historiques, que les vices des hommes furent l'origine des arts et des sciences. — Non, ce ne furent point les vices, mais les besoins des hommes; rien n'est plus vrai que de représenter la « *nécessité comme la mère de l'industrie;* » l'*égoïsme,* pris dans son acception étymologique et considéré comme l'amour de soi *bien entendu et légitime,* dut précéder évidemment toutes les autres causes.

cond lieu. Mais les besoins factices qu'ils engen-
drent, ne tardent pas, en entrant peu à peu
dans l'engrenage de la vie quotidienne, à fournir
au travail un aliment aussi considérable que les
plus grandes nécessités.

Le travail physique se multiplie à l'infini,
selon les milliers d'objets auxquels il s'applique. Il embrasse tous les domaines, l'ensemble des choses créées ; et, à cette heure de civilisation avancée, non-seulement les industries
ne se comptent plus, mais il n'est pas possible
de dire sur quoi le travail ne s'exerce pas.
« L'idéal démocratique des temps modernes
» n'est aucune de ces républiques anciennes
» dont les citoyens ne connaissaient d'autres
» œuvres que la politique, la science, la poé-
» sie ou les arts. La démocratie athénienne,
» par exemple, la plus brillante qui ait paru
» dans le monde antique, est une de ces fleurs
» charmantes et fragiles, dont il ne faut pas
» regarder la racine. A ne voir que la cité,
» avec ses arts, ses sciences, ses vertus, —

» c'est le règne de l'esprit, c'est le ciel de l'hu-
» manité qu'une société pareille. Mais l'enfer
» est au-dessous qui travaille sans relâche, qui
» souffre sans espoir, pour permettre à ces
» bienheureux esprits de s'épanouir dans la
» lumière de leur splendide cité. L'idéal de la
» société moderne est une société où l'escla-
» vage soit en horreur et le travail en hon-
» neur..... (1) » En nos temps, grâce au progrès, la division de l'humanité en classes est
plus nominale que réelle. Depuis l'ère chrétienne, depuis la proclamation de l'égalité parmi
les hommes, on comprend que le labeur ne
saurait plus être le lot de « *la vile multitude,* »
selon la malheureuse expression d'un éminent
historien, et la jouissance le privilége exclusif
de quelques-uns. On sent que les uns et les
autres, issus du même limon, ont une destinée commune et sont appelés à mettre la main
à l'œuvre, — que le travail, loin d'être mar-

(1) Vacherot, *la Démocratie.*

qué d'un cachet servile, comme dans l'antiquité, relève et ennoblit celui qui s'y adonne.
Par l'abolition virtuelle de l'esclavage, sur lequel reposait, chez certains peuples, la charge
entière du travail, — le christianisme a pacifi-
quement opéré un immense changement et ré-
habilité le travail corporel. L'esclave n'existant
plus, le citoyen a dû prendre sa place. Cette
substitution n'a pas seulement glorifié le travail, elle l'a, de plus, partout généralisé, partout fait pénétrer comme élément essentiel dans
la vie moderne. — Tandis qu'autrefois les exercices des gymnases n'étaient accessibles qu'à de
rares élus, et que les arts formaient le privilége
d'une infime minorité, — aujourd'hui les travaux des champs et de l'industrie absorbent le
grand nombre ; — la glorieuse armée des travailleurs s'accroît sans cesse ; le soleil luit pour
tous ; les carrières sont indistinctement ouvertes
aux hommes compétents ; aucune arbitraire in-
terdiction ne pèse plus sur personne ; et les
arts, ces radieuses fleurs de la civilisation, qui

jadis étaient l'apanage d'une imperceptible élite, tendent à se vulgariser avec rapidité. Il est vrai que les artistes éminents sont et seront toujours l'exception, mais les appréciateurs, les amateurs de mérite se multiplient ; le goût du beau se répand ; et avec les barrières qui séparaient les classes, se sont écroulées du même coup celles qui séparaient les travaux en honorables et honteux. C'est que le temps marche et les principes aussi ; et l'un des meilleurs et qui a fait le plus de chemin, est celui de l'honorabilité du travail corporel.

II.

Mais le travail corporel n'est qu'une sorte de dépendance du travail *intellectuel*. Quoique moins apparent, moins saisissant que le travail physique, le travail intellectuel le précède et le commande. Il faut ranger dans la classe des ouvriers intellectuels : l'instructeur de la jeunesse, qui, depuis l'école primaire jusqu'au Collége de France, répand la lumière dans les esprits et les forme à la vertu autant qu'à la vérité ; — le ministre de Christ, qui, comme son Maître, ramène l'indifférent, persuade l'incrédule, et va de lieu en lieu faisant le bien ; — l'ingénieur civil et militaire, qui réalise, après les avoir conçus, des travaux d'art qui font la gloire de son siècle ; — l'administrateur vigilant et dévoué, qui se consacre noblement au service de ses concitoyens ; — l'agronome, qui travaille, par des procédés toujours plus parfaits, à retirer du sol les trésors qui y sont enfouis ; — le négociant, qui, l'œil au guet, interroge tous les points de l'horizon, n'entreprend rien qu'à bon escient, et, une fois lancé, combine et dirige activement ses mesures en vue du but ; — le banquier, absorbé par ses chiffres, auscultant l'opinion, pesant et repesant mille chances autant qu'il pèse son or, et ne le laissant sortir qu'avec la certitude de son retour après une campagne fructueuse ; — l'archéologue, l'archiviste, qui, par des prodiges de patience et de pénétration , ressuscitent le passé et lui rendent, avec la vie , son charme et sa couleur ; — le mathématicien , qui, dans ses profonds calculs , détermine les lois des nombres et des choses ; — l'écrivain , qui raconte , instruit , corrige, récrée ; — le savant, qui , pour son bonheur et celui de l'humanité, enrichit son esprit de connaissances constamment nouvelles ; — le philosophe , qui, dans de transcendantes méditations , sonde les mystères de l'être et cherche le principe unique et central des choses, etc., etc. Quelle matière inépuisable n'offrirait pas ce dernier point tout seul ! Que ne pourrait-on pas dire , si l'on abordait l'histoire de la philosophie ! si l'on passait en revue ses cinq époques, orientale, gréco-romaine, scolastique, moderne et contemporaine ! si l'on mentionnait les nombreuses écoles auxquelles chaque époque a donné lieu ! si l'on énumérait les systèmes, plus nombreux encore , de chaque école et les myriades de noms des fondateurs et des disciples de chaque système !

Que d'ouvriers, que d'athlètes de la pensée, depuis Thalès, Pythagore, Zénon, Démocrite, Anaxagore, Protagoras, Socrate, Aristote et Platon, — jusqu'à Bacon, Descartes, Hobbes, Mallebranche, Spinosa, Leibnitz, Kant, Schelling, Fichte, Hegel, pour nous en tenir aux sommités!

Mais, sans aborder un champ aussi considérable, sans parler de ces vastes systèmes métaphysiques sur la nature du monde, de l'homme et de Dieu, auxquels les esprits d'élite se sont successivement consacrés, — sans parler des combats incessants que le journalisme quotidien, à ses risques et périls, livre à toutes les vieilles idolâtries, — sans parler non plus de ce qui forme le domaine de la littérature proprement dite : religion, morale, histoire, poésie, théâtre, roman, etc., qui réclament l'énergie de toutes les facultés; — et, pour nous borner strictement au travail intellectuel dont les productions se traduisent immédiatement en travail matériel, — comment dépeindre tout ce que coûtent de labeurs les sciences positives?

Que ne faut-il pas de tension d'esprit, de puissance de calcul et d'efforts renouvelés ! Que de
milliers d'inventions qui courent les rues et qui
ont peut-être exigé le concours de plusieurs générations de savants ! Se fait-on l'idée, pour ne
citer qu'un fait, de tout ce qu'un Almanach,
acheté à vil prix, a dû imposer de veilles et de
supputations? Avant de déterminer la cause des
éclipses qui effrayaient l'antiquité ou des ma-
rées qui simulaient le mouvement respiratoire
d'un monstre immense ; avant de découvrir les
lois du monde qui pondèrent et balancent har-
monieusement les globes sidéraux et règlent le
temps avec précision, — que de tâtonnements,
d'hypothèses et d'années n'a-t-il pas fallu !
« *Vingt fois sur le métier remettez votre ouvrage.* » Ce précepte que Boileau donnait pour
le style, on est en droit de l'appliquer au travail intellectuel, avec cette différence que ce
n'est pas vingt ni cent, mais un nombre infini
de fois qu'il faut recommencer l'ébauche de son
travail et reprendre sa course interrompue vers

la vérité. La vérité habite les hautes cimes , et
ce n'est qu'en gravissant de rudes escarpements
qu'on parvient à l'atteindre. — Si l'ouvrier, par
son travail matériel, mange son pain à la sueur
de son front, — le travailleur de l'intelligence,
du chiffre, de la plume , ne mange souvent le
céleste pain de la vérité qu'après d'épuisants
efforts, de vraies angoisses et une persévérance
aussi pénible que glorieuse.

Aussi doit-il être stigmatisé le préjugé qui ,
avec autant d'irréflexion que d'injustice, range
les penseurs , les écrivains, les savants dans la
catégorie des désœuvrés. Ne voir dans ces nobles ouvriers de l'intelligence que des idéolo-
gues ou des rêveurs, des parasites de la société,
— c'est méconnaître les plus éclatants services,
les plus incontestables réalités ; — c'est gros-
sièrement calomnier les initiateurs du monde
qui lui fraient la route en l'illuminant. Je ne
sache pas que l'énergie de l'esprit le cède en
rien à l'énergie des muscles, et il me paraît que
le flambeau qui éclaire vaut bien le chandelier

qui le porte. Arrière cet odieux dénigrement !
Ici-bas, à chacun sa tâche et justice à tous. Si
le travail physique est indispensable, le travail
intellectuel ne l'est pas moins ; au lieu de les
déprécier l'un ou l'autre, que ne les exalte-t-on
tous deux avec reconnaissance ?

L'histoire rapporte que le peuple romain,
mutiné sur le mont Sacré, mit fin à sa révolte
et se désarma, vaincu par l'ingénieux bon sens
de l'apologue des *membres* et *de l'estomac* ; saint
Paul, qui, dans son éducation rabbinique, avait
eu vraisemblablement connaissance de ce fait,
se l'approprie à sa manière : « *L'œil ne peut pas
dire à la main : Je n'ai pas besoin de toi ; ni la
tête aux pieds : Je n'ai pas besoin de vous. Il y
a plusieurs membres, mais il n'y a qu'un seul
corps. Aussi, lorsqu'un membre souffre, tous les
autres souffrent avec lui, et lorsqu'un des membres est honoré, tous les autres membres pren-
nent part à sa joie* » (1). Voilà comment il ex-

______

(1) 1 Cor., XII.

horte à la paix les Corinthiens divisés. A notre
tour, nous dirons aux travailleurs de l'intelligence et de la main : La main ne peut pas plus
se passer de l'intelligence que l'intelligence de la
main. Il faut donc s'élever au-dessus de la funeste atmosphère des jalousies et savoir, sinon
par équité, du moins pour le bien commun,
s'accorder mutuellement le respect, l'amour,
l'appui, auxquels, de part et d'autre, on a un
égal droit.

Tous les travailleurs sont frères et par le résultat commun de leurs efforts et par la commune loi qui leur est imposée. Cette noble fraternité est surtout mise en évidence par un
travail d'un genre particulier, qui tient à la fois
de l'esprit et de la matière, qui sert de transi-
tion entre les travaux intellectuels et les travaux corporels, et qui révèle leur parenté : il
s'agit du travail artistique. Il comprend : sculpture, statuaire, moulage, ciselure, dessin, peinture, gravure, photographie, musique, factage,
mécanique, horlogerie, bijouterie, etc. Dans les

temps modernes, ce travail artistique a donné naissance *aux arts industriels*, qu'on divise généralement en : 1° *industries d'ornement extérieur* (1) ; 2° *industries d'ornement intérieur* (2) ; 3° *industries d'habillement* (3). Que de pensée et que de pratique n'exigent pas ces divers arts ? Que de génie et quels coups de main ne fallut-il pas à un Michel-Ange, pour son mausolée du pape Jules II ? à un Phidias, pour son Jupiter Olympien ? à Léonard de Vinci, pour sa *Sainte-Cène ?* à Raphaël, pour ses incomparables madones ? à Albert Durer, pour ses célèbres gravures à l'eau forte ? à Erard, pour ses pianos ? à Vaucanson, pour ses automates ? à Bréguet, pour son horlogerie ? à Jacquart, pour ses mé-

(1) Serrurerie, fonderie, carrosserie, vernissage, etc.

(2) Tapisseries, moulures, dessins et couleurs de tapis, ébénisterie, marqueterie, incrustations, laques, papiers peints, miroiterie, verrerie, taille de cristaux, dorure des cadres, porcelaines et faïences, vases de luxe, reproduction de l'antique, ciselure, émaux, marbres, quincaillerie, garnitures de cheminées, orfèvrerie, lampes, imprimerie.

(3) Bijouterie, joaillerie, châles tissés, imprimés, soieries à dessins, mouchoirs à sujets, articles de Paris, objets menus et petits bijoux en os, ivoire, écaille, armes, etc.

tiers de tissage? à Fichet, pour ses serrures?
Tous ces artistes, en qui s'unissent si intime-
ment la pratique et la pensée, ne sont-ils pas
faits pour réconcilier les deux genres de travaux, pour leur servir de trait-d'union? N'y
a-t-il pas, en chacun, un penseur doublé d'un
ouvrier? Et qui s'aviserait de rechercher si, dans
la confection de leurs chefs-d'œuvre, ils ont été
plus occupés de l'esprit que de la main, de la
main que de l'esprit? Recherche puérile, comme
s'ils ne tenaient pas l'outil, au moment même
de leurs plus profondes méditations! comme si
« *l'union du travail intellectuel et du travail
corporel n'avait pas produit les merveilles du
bien et du beau!* » (1) Quand un Michel-Ange a
manié le ciseau, un Jacquart la navette, un
Fichet la lime, — le savant peut, sans scrupule, rendre hommage au travail manuel; et,
d'un autre côté, en présence des inventions d'un
Benvenuto Cellini, d'un Durer, d'un Vaucanson,

(1) Bouchardat, *Influence du travail*, p. 31.

— l'ouvrier, sans scrupule aussi, peut s'incliner devant le génie qui les inspira et devant la science qui les servit si bien.

Formé d'un esprit et d'un corps, l'homme a mieux à faire que de déprécier ou de laisser en friche les facultés respectives de l'un et de l'autre ; il a pour mission rigoureuse de les développer sans relâche, de les appliquer, d'en tirer le meilleur profit, — heureux et glorieux de cette double domination intellectuelle et physique qui lui confère la souveraineté sur les êtres du globe.

III.

La glorification du travail par les grands travailleurs de l'histoire, nous reporte naturellement aux objections dirigées contre lui. L'une d'elles l'accuse d'*ingratitude* et de *stérilité ;* — une autre lui reproche ses *peines* et ses *sueurs ;* — une troisième le représente comme imprimant une certaine *flétrissure.*

Recommencer, dit-on, chaque jour sa monotone tâche ; comme un forçat à la chaîne, *ramer la galère sans perspective de bien-être* et de repos ; et, sur ses vieux ans, s'éteindre d'épuisement et de misère ! Quel triste lot que celui du travail !..... — Une telle objection ne peut être faite que par des cœurs aigris ; car ce n'est pas là, tant s'en faut, le lot ordinaire du travail.

Qu'exceptionnellement le travail soit privé de sa légitime rémunération, il se peut : la faute en est souvent aux travailleurs plus qu'au travail, aux faux calculs, aux désordres, aux vices du caractère ou aux surprises des événements. Mais, en général, le travail porte avec lui de larges dédommagements : « *A bon vouloir, Dieu y pourvoit ;* » « *aide-toi, le ciel t'aidera,* » sont des paroles burinées par la sagesse des siècles et qui donnent un formel démenti à cette accusation de stérilité dont le travail est quelquefois l'objet. Du reste, l'expérience quotidienne ne confirme-t-elle pas l'expérience universelle ? Qui pénètre les mystères de la nature ? qui construit

des systèmes de longue haleine? qui mène à
bonne fin les grandes entreprises? qui arrive
aux premiers numéros dans son école? qui réussit le plus complétement dans sa profession?
qui nourrit le mieux sa famille? le travailleur.
Il est bien rare que le travailleur tenace ne soit,
tôt ou tard, récompensé par une ample moisson. — Avec non moins de tort, on reproche
encore au travail *ses fatigues, ses souffrances,*
pénibles à supporter, si même, dit-on, elles ne
tarissent lentement les sources de la vie. Cette
seconde objection, toute pratique (on ne fait pas
d'objection théorique au travail), procède de la
répugnance instinctive que l'on ressent parfois
pour le travail. Il est des collégiens, des ouvriers, des littérateurs auxquels le travail pèse
comme une croix de Calvaire, et qui soupirent
après le *far niente* comme après l'Eldorado. Il
est vrai qu'un travail quelconque donne lieu à
un déploiement plus ou moins considérable de
force intellectuelle ou physique. Mais qu'est-ce
à dire? que ces fatigues sont amères, acca-

blantes, sans compensation qui les adoucisse,
sans contre-poids qui les allége ! Et qui donc,
après le travail, n'a savouré la pénétrante joie
du repos, de la récompense reçue ou attendue,
du sentiment du devoir accompli ? N'est-ce pas
le paradis dans l'âme ? Qui ne sait que le travail, fait avec goût, est moins un fardeau qu'un
bonheur, que l'habitude rend faciles et agréables les tâches les plus rudes, et qu'il arrive
même un jour où le travail, devenu un besoin,
on ne saurait s'en sevrer sans inconvénient et
sans péril ? Par l'exercice, le corps et l'esprit
acquièrent une joyeuse plénitude de vie qui
seule permet de réaliser le vieux mot du poëte :
« *Mens sana in corpore sano.* » Où sont les
visages sereins et illuminés du reflet d'une profonde paix intérieure ? Où retentissent les folâ-
tres refrains, les gais propos, les rires éclatants ? Non pas chez le paresseux blasé, pour-
suivi d'une sombre tristesse, qui s'évertue à
tuer le temps et qui promène partout, avec son
indolente et frivole personne, le spleen qui le

ronge et dont il fatigue ses entours ; — mais dans l'atelier, au chantier, sur le seuil des champêtres demeures. Là, le travail est aimé et béni ; et, vrai ressort de l'être, il décuple et fait épancher la vie en manifestations robustes et normales. Au lieu de nuire au corps ou à l'esprit, tout travail qui leur est sagement proportionné alimente leur jeu normal et forme la plus sûre garantie de leur conservation et de leur bien-être.

Pas plus qu'il n'épuise le travail ne *déshonore*.

Comment une loi imposée par Dieu et à laquelle il s'est assujetti lui-même, entraînerait-elle du déshonneur ? Au contraire, on s'honore toujours d'obéir à Dieu et de faire comme lui ; le travail, même le plus humble, n'a rien d'humiliant ; loin de là, il relève et ennoblit. Son calus est un titre de gloire, — car il marque fidélité à la loi et services rendus à l'humanité. Voilà pourquoi les anciens, dans leur poétique mythologie, se plaisaient à faire remonter jusqu'aux dieux l'origine des sciences et des arts :

Isis et Osiris, chez les Egyptiens, passaient
pour avoir inventé l'agriculture (1). Chez les
Grecs, Minerve avait inventé le tissage, Cérès
présidait aux moissons, Bacchus aux vendan-
ges, Vulcain aux travaux de forges, les Muses
aux arts et à la poésie, Neptune à la naviga-
tion, etc. S'il s'est trouvé des peuples, les
Spartiates, par exemple, qui ont méprisé le
travail, laissant aux vaincus, aux esclaves le
soin, réputé vulgaire, de cultiver le sol, d'exercer les métiers, de pourvoir aux nécessités matérielles ; — si le monachisme, par sa vie solitaire généralement inoccupée, et les ordres
mendiants, par leur acceptation de l'aumône
comme unique moyen d'existence, ont méconnu
le saint devoir et les salutaires bienfaits du travail ; — si, par un puéril principe d'orgueil, la
noblesse rejetait sur « *la roture* » tout le mouvement du travail social, ne se réservant que
parades et plaisirs, et se vantant même de ne

(1) Diod., liv. I, p. 17, 18.

pouvoir donner sa signature que par le cachet
gravé au pommeau de son épée ; — si l'on rencontre en un mot quelques faits réduisant la
juste et noble part du travail , il faut néanmoins
avouer que , presque toujours , on voit dans
l'histoire le travail applaudi et placé au rang
d'honneur qui lui convient. D'un rapide coup
d'œil , on peut s'en convaincre : nous avons
déjà dit que les anciens , pour mieux les re-
hausser , attribuaient l'origine des arts et des
sciences à leurs divinités. En outre, Athènes , à
l'inverse de ce qui se passait à Sparte , punissait
rigoureusement l'oisiveté , et tel semble avoir
été l'esprit du reste de la Grèce. Homère parle
d'Eumée , le fidèle serviteur d'Ulysse, comme
fabriquant lui-même ses chaussures et bâtissant,
de ses propres mains , de magnifiques étables
pour ses troupeaux. Le grand poëte raconte encore qu'Ulysse construisit lui-même sa maison,
et équipa, seul, un vaisseau (1). — En Egypte,

(1) *Odyssée*, V, XIV, XXIII.

le roi Amasis, réformateur de sa nation, comprenant l'importance capitale du travail, fit une loi pour obliger tous les citoyens à comparaître devant les magistrats et à rendre compte de l'emploi de leur temps. — En Chine, de temps immémorial, l'empereur, une fois par an, condescend à tracer un sillon, pour mieux montrer en quelle estime on doit tenir l'agriculture. — Cincinnatus, chez les Romains, passe de la charrue au commandement d'une armée ; et, après la victoire, retourne modestement à ses sillons. — Virgile chante avec douceur et magnificence les travaux des champs : *O fortunati nimium sua si bona nôrint !* Quant aux Juifs, ils exigeaient de tous, même des plus éminents, la connaissance d'un métier ; et l'on sait que saint Paul, pour n'être point à charge aux Eglises qu'il évangélisait, courba plus d'une fois, sur la trame des toiles de tente, son auguste tête, dévolue au martyre du glaive païen. — Au moyen âge, de nombreuses corporations d'ouvriers, qui produisirent d'incomparables travaux d'architecture et de sculpture, parcouraient l'Europe, autant pour la gloire que pour le pain (1) ; et, plus tard, ce fut une des meilleures inspirations du dix-huitième siècle que de consacrer au travail une fête solennelle (2). Il appartenait à ce siècle d'esprit initiateur, — qu'il serait injuste de ne juger que par ses monstrueux excès, — de glorifier le travail auquel il devait en partie lui-même l'enfantement d'un monde nouveau.

Ainsi, à part quelques rares exceptions, le travail, chez tous les peuples, passe pour un honneur et un bienfait.

(1) « Le jubé et le chœur de Sainte-Cécile (d'Albi) furent construits » sous Louis d'Amboise par une compagnie d'ouvriers maçons qui, » dans les treizième et quatorzième siècles, parcouraient la France, la » truelle d'une main, le ciseau dans l'autre..... » (Crozes, *Cathédrale d'Albi*, p. 33).

(2) Un décret du 24 novembre 1793 substitua l'ère républicaine à l'ère grégorienne et la fit dater de l'an Ier de la République, — 22 septembre 1792. Ce décret divisa l'année en douze mois égaux de trente jours chacun, et divisa les mois en trois parties de dix jours, appelées *décades*. Ces douze mois étaient suivis de cinq jours nécessaires pour compléter l'année ; et ces cinq derniers jours, nommés d'abord *sans-culottides*, et plus tard *complémentaires*, furent consacrés à de grandes fêtes nationales : le premier, à la *vertu*; le deuxième, au *génie*; le troisième, au *travail*.

Il en est de même de nos jours ; et si l'on tend partout, avec les immenses progrès de la mécanique, à substituer la machine à la main de l'homme, — ce n'est pas qu'on attache au travail la moindre idée de dégradation, mais uniquement pour l'exécuter avec plus de rapidité, plus de perfection, pour multiplier la richesse sociale et ménager en même temps les forces de l'individu. — Il n'est qu'une chose déshonorante et désastreuse à la fois : la *paresse*, la paresse qui, agissant sur le cœur d'une manière cachée, s'empare peu à peu de sa direction, à son insu ou malgré lui. Fut-elle odieuse d'abord, elle finit par se faire aimer : « *Invisa primò de-* » *sidia postremò amatur* » (1). — Elle devient aussi funeste aux plus importantes affaires que les écueils et les tempêtes le sont aux navires voguant sur les flots. Pareille à un charme mystérieux, elle refroidit, elle suspend, elle ruine les plus ardentes poursuites, les plus fermes

(1) Tacite.

résolutions : « *c'est le rémora arrêtant les plus* » *forts vaisseaux.* » — Sans compter qu'il est honteux de laisser en friche sa nature, de consommer sans produire, de jouir des progrès de l'humanité sans y contribuer en rien, des sueurs de ses semblables, sans autre revanche qu'un égoïsme cynique ou raffiné. Comme si l'homme n'avait pas une mission sociale à remplir, une dette à payer ! comme s'il n'existait pas de solidarité entre ses semblables et lui ! comme si Dieu ne lui imposait pas de se rendre utile dans la mesure de ses forces !

Ne craignons pas de flétrir avec sévérité le paresseux ; car, en ne se préoccupant que de ses aises, en ne laissant après lui que le malfaisant exemple de ses passions ou de son inutilité, il est coupable envers lui-même en négligeant sa destinée, — envers ses semblables qu'il prive de ses forces, et envers Dieu dont il méconnaît les desseins et la volonté.

Qui ne préférerait l'ouvrier, aux mains calleuses, nourrissant honorablement sa famille,

— au dandy blasé qui ruine la sienne ou , tout
au moins , charge le sol d'un poids inutile ? Il
faut le crier sur les toits : il n'est rien de plus
méprisable que de mépriser le travailleur. Attacher au travail une idée de bassesse , c'est ne
rien comprendre à sa sainte loi. Jamais fonction
ne fit la dignité de l'homme , tandis que l'homme
fait toujours la dignité de la fonction, quelle
qu'elle soit; sous la blouse peut battre un cœur
royal, comme sous le manteau royal peut battre un cœur à la Sardanapale ou à la Néron.
C'est d'après la valeur intrinsèque , et non sur
de vains oripeaux, que doivent être appréciés les
hommes et qu'ils seront jugés par Dieu. — Celui
qui travaille du corps ou de la pensée fait, dans
sa sphère, ce que fait le général dans les combats pour sa patrie ; l'un et l'autre, chacun à
sa manière, concourent au bien général ; et, à
ce point de vue, tel acte obscur peut être aussi
glorieux et utile qu'un brillant fait d'armes. Il
y a plus : en supposant qu'on ne travaillât ex-
clusivement que pour soi , on ne ferait point

une œuvre stérile pour les autres ; car le travail le plus personnel rejaillit toujours dans un rayon plus ou moins étendu. Mais n'en fût-il pas même ainsi, le travail ne profitât-il uniquement qu'à celui qui s'y livre, c'en serait encore assez pour qu'il stimulât avec énergie : d'abord, par le fruit immédiat qu'on en retirerait, puis, au point de vue moral, parce qu'il y a plus de mérite à être le fils de ses œuvres que le fils d'une haute faveur ou de l'héritage paternel. Les faveurs et les héritages ne sauraient être mis en balance avec les nobles efforts du travailleur, qui ne doit qu'à lui-même sa position ou sa renommée. Partout, les hommes droits et justes, en présence de deux grands personnages, feront infiniment plus de cas de celui qui est grand par lui-même, que de celui qui n'est grand que par les autres, — comme on fait plus de cas de l'astre, flambeau du jour, que des planètes qui n'ont qu'une clarté d'emprunt.

CHAPITRE III.

LES MOBILES DU TRAVAIL.

« Labeur ne grève point, quand on y
» prend plaisir. »

I. Crainte. — II. Intérêt. — III. Conscience. — IV. Amour.

I.

En dépit des sophismes, le travail demeure une sainte loi, rigoureusement obligatoire pour tous, depuis le monarque jusqu'au dernier de ses sujets. Chacun, sous peine de félonie, est tenu de produire en proportion de ce qu'il a, de ce qu'il peut.

Mais, quoique ce soit beaucoup que d'accomplir sa tâche, ce n'est pas tout pourtant. L'essentiel même, autant pour la perfection de l'œuvre que pour sa valeur morale , consiste dans *les mobiles secrets* qui président à son exécution.

Un travail , uniquement accompli sous une impression de *crainte,* manque aux conditions d'un bon travail. Le fouet du planteur, la férule du pédagogue, les menaces du patron , — obtiennent bien sans doute quelque résultat ; — mais, outre qu'il suffit d'un relâchement de surveillance dans le maître pour déterminer aussitôt un relâchement d'application dans l'ouvrier, — le travail de celui-ci manquera toujours d'inspiration, de ce cachet indéfinissable qui distingue toutes les œuvres spontanées , et qui donne au travail libre une si frappante supériorité sur le travail servile. La crainte paralyse les facultés, glace l'élan, s'oppose au déploiement naturel des ressources personnelles ; d'où des œuvres froides, ternes, gauches et grossières. On y sent l'absence d'une volonté une et vigoureuse. Et que doit-ce être lorsque cette crainte, le plus souvent mère de la haine , remplit l'âme

de fiel, exaspère en silence, et ne fait pas naître de plus vif sentiment que la féroce joie de
faire le plus mal possible, — pour nuire, le plus
possible, à celui qu'on regarde comme son
tyran et son ennemi. Non, la crainte n'est pas
capable d'enfanter une grande et belle œuvre.
La crainte est le mobile de l'esclave, et l'homme
n'est pas fait pour être esclave. Il faut donc au
travail un mobile supérieur à celui-là.

II.

S'il est probable que dans les sociétés primi-
tives, patriarcalement organisées sur la base de
l'esclavage, la crainte a été le premier mobile
du travail, — il n'est pas moins probable que
l'*intérêt* a été, en date, le second.

Supposez un certain degré de progrès et d'é-
mancipation, — l'esclave se transforme en serviteur, dont le travail devient l'unique moyen
de subsistance ; en sorte que ce que l'un faisait

par terreur, l'autre le fera par *intérêt*. Maintenant, si l'on se place au double point de vue moral et pratique, — l'intérêt vaudra-t-il mieux que la terreur? Il est vrai qu'il excite à faire de l'ouvrage le plus et le mieux possible, puisqu'il perçoit un salaire proportionné. Mais la crainte n'offre-t-elle pas un mobile aussi actif? Sous son règne, le nombre de coups n'était-il pas aussi proportionné à la quantité et à la qualité du travail ?

Au fond, intérêt et crainte représentent un même sentiment sous des formes différentes, et n'expriment que deux faces d'un même principe : l'intérêt exprime le côté positif, en poussant au travail, pour toucher un salaire; la crainte exprime le côté négatif, en poussant au travail, pour éviter un mauvais traitement; l'un tend à se procurer un bien, l'autre à se soustraire à un mal; tous deux aboutissent à mieux servir, chacun à sa manière, le bien-être de l'individu. Aussi, quelque paradoxale que puisse paraître cette assertion : l'intérêt, réduit à son essence d'âpre et de sordide égoïsme, ne renferme rien de supérieur au mobile de l'esclave; et s'il peut être chronologiquement classé comme un progrès sur la crainte, — moralement il doit être mis sur le même pied. Quand on regarde à la valeur propre des mobiles, — que l'intérêt, dans sa rapacité native, est un mobile brutal et impuissant! Il n'est autre, chez les animaux, que cet irrésistible instinct bestial qui les jette sur leur proie. Et, chez l'homme, l'intérêt, privé de pondération ou non contenu par les lois, l'entraînerait au même résultat. Je ne veux point dire qu'il faille, d'une manière absolue, proscrire l'intérêt : rien de plus légitime au contraire, de plus efficace, que de se préoccuper, en travaillant, des conséquences de son travail. Je dis seulement que si ces conséquences matérielles et intéressées sont tout, sont l'unique, l'exclusif mobile, que ne relève ni ne sanctifie aucun autre mobile supérieur, — alors le travail se fera mal, sans suite, sans esprit d'application, sans ce profond vouloir du bien qui forme la condition des œuvres régulières et réussies. Ne travaillant qu'en vue du gain, l'ouvrier se sent comme « *aux travaux forcés* » et il n'épie le regard du maître qu'en vue du résultat final. Il ne tient pas à honneur de viser à la perfection ; il n'obéit à aucun noble entraînement intérieur ; peu lui importe de mettre en jeu ses facultés et ses meilleures ressources, pourvu que ses quinzaines ou ses trimestres ne fassent pas défaut. Aussi les œuvres, inspirées par l'intérêt seul, sont-elles généralement médiocres et vulgaires. Le temps même, cet élément considérable de succès, est impuissant pour la perfection des travaux, si l'intérêt en est le seul inspirateur ; — tant il est vrai que « *c'est le cœur qui fait la besogne et non les longs jours.* » Fait avec cœur, le travail d'une heure vaut mieux que le travail d'un jour à contre-cœur.

III.

« *C'est le cœur qui fait la besogne*..... » Que faut-il entendre par « *le cœur?* » — Deux choses : la conscience et le cœur proprement dit, — la conscience qui est le siége du devoir, le cœur qui est le siége des affections.

La *conscience* est un noble mobile. Le travailleur qui se respecte obéit, par-dessus tout, dans l'accomplissement de sa tâche, à l'impérieux sentiment du devoir. Il se pénètre de la dignité du travail et du caractère de loi, dont Dieu l'a marqué. Il sait que le travail est dans sa destinée, qu'il forme son lot ici-bas, l'une des fins de son existence actuelle; qu'il est un instrument de développement individuel, par conséquent un devoir moral envers lui-même; qu'il est une nécessité sociale, la société ne subsistant que des produits de chacun et des innombrables échanges qu'entraîne le mouvement général ; qu'il est une dette sacrée envers le maître qui le commande, auquel, moyennant salaire, on aliène ses talents et ses forces. Ainsi, envisageant de haut le travail, comme un rouage nécessaire dans la marche des choses, comme une obéissance et un hommage à Dieu, comme une redevance à l'humanité et un bienfait direct pour soi, — l'homme se livre à son œuvre, non-seulement sans répugnance, sans arrière-pensée, sans préoccupation exclusive de lâche crainte ou de vil intérêt, mais résolûment, avec droiture, avec un vaillant courage ; « *le courage fait l'ouvrage,* » dit-on avec raison dans les ateliers ; et il ne saurait en être autrement, parce qu'on sent qu'on doit agir ainsi, parce qu'une voix intérieure y porte, y oblige invinciblement. La puissance du sentiment du devoir est énorme, quand il a sérieusement pris possession d'une âme. Ni les châtiments, ni l'appât du gain, ni la plus active surveillance ne sauraient le suppléer, — tandis que, rigoureusement, lui seul suppléerait tout.

Le travailleur consciencieux n'a pas besoin d'autre aiguillon que son propre travail; son travail, chose sainte qu'il respecte, son travail est tout à la fois pour lui : son maître, son mobile, sa récompense. Fût-il seul au monde, il l'accomplirait avec le même zèle et la même perfection que s'il était soumis à l'inspection de dix mille regards, tant le devoir a d'empire sur lui, tant la conscience a le don d'assouplir et les volontés et les mains.

IV.

Néanmoins, au-dessus du mobile de la conscience, se place le mobile de l'*amour*. — La conscience communique une fidélité à toute épreuve; mais, à la fidélité, l'amour ajoute la féconde séve de l'enthousiasme.

La conscience accomplit scrupuleusement la tâche imposée; l'amour, sans calculer, accomplit au delà du nécessaire.

La conscience pousse au travail avec l'activité un peu froide et contenue de la réflexion ; l'amour met au cœur une irrésistible flamme, une ardeur sans égale, une passion qui surmonte tous les obstacles et transforme en géants.

La conscience produit des œuvres correctes, bonnes, finies; l'amour marque les siennes d'un cachet de distinction *sui generis;* on sent en elles le génie de l'inspiration, l'âme même de l'artiste qui les conçut ou les exécuta.

En un mot, entre la conscience et l'amour, il y a la différence qui sépare l'obéissance de l'inspiration, la copie de l'invention, l'ouvrier de l'artiste.

L'amour est donc le suprême mobile du travail : le travail attrayant et aimé, n'est-il pas le travail facile par excellence? Quel est le but que se propose la pédagogie contemporaine par l'ingénieuse création des jardins d'enfants? N'est-ce pas d'inspirer l'amour du travail, d'instruire en amusant! Et ce qui réussit pour l'enfant, réussit également pour l'homme, en qui se trouve la même nature, sensible aux mêmes attraits, surtout à celui de l'amour. Du reste, observez-en tout le magique pouvoir de l'amour : c'est l'amour de la nature qui fait les poëtes, — l'amour de la gloire qui fait les héros, — l'amour de la science qui fait les savants, — l'amour de Dieu qui fait les martyrs, — l'amour de leur métier et de leur art qui fait les artistes en tout genre. En aimant, on se passionne ; et, en se passionnant, on déploie, — avec une extraordinaire et croissante intensité, — tous les dons que l'on porte en soi. Sous l'influence de l'amour du travail, les virtualités, les germes de la nature s'épanouissent dans la plénitude de leurs fleurs et de leurs fruits.

La crainte, l'intérêt, mobiles rampants, n'atteignent pas à ces hauteurs ; et la conscience elle-même se trouve débordée par des sentiments qui en tiennent compte sans doute, mais qui l'absorbent dans le mobile supérieur de l'amour.

Cet amour du travail qui enfante des prodiges, d'où vient-il? — On le porte quelquefois en naissant, à l'état de tendance naturelle; comme il naît des gens d'un caractère excellent ou détestable, il naît des paresseux ou des travailleurs. Dès les premières années de la vie, sans que rien autre qu'un fait providentiel puisse en être cause, apparaît en l'homme, d'une manière accentuée, soit la répugnance, soit l'amour du travail. Ces dispositions innées, on les porte sur les bancs des écoles et quelquefois on les conserve d'un bout à l'autre de la vie.

Mais on ne naît pas toujours travailleur, on le devient souvent. Il en est du travail comme de l'éloquence : « *Nascuntur poetæ, fiunt oratores.* » On crée et l'on développe en soi l'amour du travail, sous la discipline d'une volonté ferme, d'une longue habitude, et par la considération des heureuses conséquences qu'il enfante.

Finalement, en effet, comment ne pas aimer l'un des meilleurs moyens d'être utile, l'une des sources principales de la richesse publique, comme aussi la plus noble manière de glorifier Dieu et de s'élever soi-même dans l'échelle des êtres! Il n'existe pas d'entraînement comparable à celui de l'exemple; or, quand on a sous les yeux l'exemple des incalculables bienfaits du travail, qui sont pour nous-mêmes l'occasion de tant de jouissances, on ne peut se défendre d'admirer et de bénir le travail; on subit, malgré soi, le charme d'une certaine fascination, on imite, on travaille à son tour. S'il est vrai que l'oisiveté se gagne au contact de l'oisiveté, — l'amour du travail se communique également par le spectacle d'une activité si fertile en fruits de toute sorte, dont il est assez naturel de désirer sa part. Nous aimons et nous recherchons naturellement ce qui, par sa puissance et sa vertu, agrandit notre sphère et augmente la somme de nos joies.

Mais qu'il soit inné, qu'il soit acquis, — l'amour du travail n'en est pas moins efficace et n'en mérite pas moins d'être classé au premier rang des mobiles qui le stimulent et l'alimentent. La crainte est le mobile de l'esclave; l'intérêt, le mobile du serviteur; la conscience, le mobile de l'homme libre; l'amour, le mobile des anges ou de ceux qui aspirent à le devenir. Quand on aime son travail, quand on le fait avec bonheur, — rien ne décourage, ne rebute, ne paraît impossible. Tout est possible à celui qui aime comme à celui qui croit; — l'amour, comme la foi, transporte les montagnes : « *Labeur ne grève point, quand on y prend plaisir.* »

CHAPITRE IV.

LA MÉTHODE ET LES ABUS DU TRAVAIL.

> « Travaillez, prenez de la peine ; c'est le
> » fonds qui manque le moins. »
>
> (LAFONTAINE.)

I. Travail intelligent, ordonné, continu, moral — II. Excès de travail. Exploitation. Décades. Droit au travail.

I.

Quelque excellent que soit le mobile, — le cœur fût-il tout embrasé d'un dévorant amour, — *si la méthode* est défectueuse, le travail nécessairement sera défectueux, et il le sera dans la mesure même où l'auront été les règles suivies pour son accomplissement. Dans tout travail, la méthode importe autant que les mobiles.

Sans méthode, l'adage qui résume le petit chef-d'œuvre de Lafontaine et qui sert d'épigraphe à ce chapitre, — ne serait guère confirmé par l'expérience. — On connaît la fable. Un laboureur, près de mourir, s'entoure de ses enfants : « Gardez-vous, leur dit-il, quand vous » ne m'aurez plus, de vendre votre champ, où » gît un trésor caché. J'ignore l'endroit ; mais, » en cherchant, vous finirez par le trouver. » Creusez donc, bêchez, fouillez dans tous les » coins. » Les fils de défoncer aussitôt le champ avec ardeur ; point de trésor, mais, en place de trésor, une luxuriante récolte. C'en fut assez pour comprendre que le travail, à lui seul, est un précieux trésor. Mais si les fils de l'ingénu laboureur avaient creusé leur champ sans intelligence, à peu de profondeur, sans ordre, ici ou là et non partout, à des intervalles irréguliers et non d'une manière continue, sans dispositions morales, avides seulement de se devancer l'un l'autre dans la découverte du dépôt pour se l'approprier, — croit-on que le trésor de la moisson eût compensé pour eux l'absence du trésor d'écus ?

Qu'est-ce à dire ? Que dans le travail, indépendamment des mobiles, *la méthode* intervient pour une large part.

La première condition, pour faire un bon travail, est de le faire avec *intelligence*, de bien savoir ce que l'on veut, de se rendre compte des difficultés et des moyens. Ne cédez jamais à un premier mouvement, et sachez vous défier des entraînements de l'imagination. Il est des choses vraisemblables qui ne sont pas vraies et des choses vraies qui ne sont pas vraisemblables. Comme les apparences séduisent, on ne doit se presser ni de juger ni de prendre un parti, sans avoir préalablement sondé le fond des choses. « *Agir sans réflexion, disent les* » *anciens moralistes, c'est se mettre en voyage* » *sans avoir fait de préparatifs.* » Il faut connaître entièrement ce qui doit former la matière de nos travaux, mettre ses facultés en harmonie avec eux pour se pénétrer de leurs exigences ; pressentir, autant que possible, les éventualités ; maîtriser son sujet ; l'embrasser dans son ensemble et dans ses détails ; par l'intuition, le contempler déjà sous la forme qu'il doit revêtir ; faire converger tous les éléments dont il se compose vers le but ; avant de rien entreprendre, mesurer sans présomption, selon le précepte d'Horace, « *quid valeant humeri;* » proportionner la puissance à la résistance ; ne point marcher à l'aventure, mais à pas comptés et sûrs, sachant, au début même, où, quand et comment l'on arrivera. — Voilà ce qu'on appelle un travail intelligent, parce que les facultés de l'intelligence, réflexion, jugement, mémoire, prévision, sont éveillées et y concourent chacune pour sa part.

Pour avoir manqué à cette condition, les entreprises les plus riches d'éléments de succès n'ont répondu qu'en partie aux espérances qu'elles faisaient concevoir, — si même elles n'ont misérablement échoué. L'enthousiasme ne supplée pas l'étude et l'ardeur ne dispense pas du

calcul. Puisque l'homme est doué du merveilleux privilége de la raison, comme d'un flambeau pour éclairer sa route, — il doit constamment recourir à ses lumières, la consulter et
suivre ses directions, sans rien abandonner au
hasard de ce qu'elle peut régler elle-même,
sous peine « *de faire des écoles,* » de s'égarer
dans les ténèbres et de s'abîmer dans quelque
chute : juste punition de celui qui s'engage à
l'étourdie dans une voie quelconque, sans connaissances et sans appuis suffisants.

Ce n'est pourtant pas tout que de procéder à
son travail, à la lumière de l'intelligence. Sans
esprit d'ordre, que serait le travail, même le
plus intelligent? Supposez le collectionneur le
plus perspicace pour dénicher : minéraux enfouis sous le sol, plantes rares, insectes précieux, fossiles, vieilles monnaies, parchemins
poudreux, etc., — et qui, au fur et à mesure
de ses trouvailles, les entasserait pêle-mêle dans
ses vitrines ; que d'intelligence n'a-t-il pas dé-
ployée pour ces découvertes! quel travail d'esprit

ne lui ont-elles pas coûté ! Et néanmoins, il n'a qu'un chaos où il ne se reconnaît pas lui-même. C'est qu'il eût fallu ménager des places distinctes, classer avec ordre les objets identiques ; et, ces objets mêmes, les ranger graduellement, selon leur date chronologique ou leur nature spéciale. « *Abréger le temps, c'est allonger* » *la vie,* » a dit quelque part Lamartine ; et l'on abrége le temps, en faisant chaque chose en son lieu. Dans un travail, tout s'enchaîne, et l'ordre consiste à ne s'occuper d'une idée que lorsque l'idée dont elle découle est élucidée ; d'une pièce, que lorsque la pièce qui la précède est elle-même confectionnée. Le maçon ne place pas la charpente avant l'achèvement des murs et ne commence pas les murs avant d'avoir un plan défini ; le cultivateur ne jette pas la semence avant la fumure et l'opération préliminaire du labour. — Il s'agit donc de diviser son travail et d'attaquer séparément chacun des éléments dont il se compose ; la division du travail peut s'appliquer aux arts, aux sciences, à la pensée, aux œuvres de la main. Elle est indispensable. Pour un Aristote, un Alexandre de Humboldt, un Alfred de Maury, qui embrassent l'ensemble des choses humaines, — l'immense majorité ne sait et ne fait quoi que ce soit qu'en dirigeant ses facultés sur des objets spéciaux. Quoique rapetissant l'esprit, en concentrant son activité sur un mince détail, la division du travail offre néanmoins le quadruple avantage : d'épargner le temps, de perfectionner infiniment toutes les œuvres, — de favoriser l'invention des machines (1), et de contraindre à l'ordre celui même qui n'en aurait ni le goût ni la volonté.

(1) Tout homme qui absorbe sa pensée dans un seul objet devient plus apte à trouver les méthodes les meilleures et les plus promptes ; c'est à cette division du travail que doit être attribuée l'invention de la plupart des machines des manufactures. Dans les premières machines à feu, un enfant ouvrait et fermait alternativement la communication entre le cylindre et la chaudière, suivant que le piston montait ou descendait. L'un d'eux, ayant envie de jouer avec ses camarades, eut l'idée de mettre une ficelle au manche de la pièce qui ouvrait cette communication, et d'attacher ensuite ce cordon à une autre partie de la machine ; par ce moyen, cette pièce s'ouvrit et se ferma sans lui, le laissant libre pour ses jeux. Ainsi fut faite une des inventions qui a le plus contribué à perfectionner ces sortes de machines.

Ne serait-ce que ce dernier service rendu par la division du travail, il serait considérable, — l'ordre permettant de faire vite et bien ce que l'on fait. Il n'est rien d'aussi funeste que le désordre ; il entrave à toute heure, il compromet les matériaux, il égare l'esprit, il dilapide le temps, qui, au dire de Franklin, « *est l'étoffe dont la vie est faite,* » et qu'on doit par conséquent ménager avec le plus grand soin : « *On* » *doit plus pleurer temps perdu que chose per-* » *due.* » Que gagnerait-on même à réussir admirablement un fragment d'ouvrage, si ce fragment, fait quand il ne fallait pas, ne peut ensuite s'harmoniser avec le tout ? on peut dire de lui, comme Horace : « *Excellent, excellent, mais ce* » *n'était pas le lieu.* »

On ne fait bien que ce qu'on fait à propos et en son temps, parce qu'on est guidé par la double lumière de ce qui précède et de ce qui reste, — lumière qui permet d'adapter avec justesse à l'ensemble la partie isolée. D'ailleurs, avec quel goût et quel entrain ne dépêche-t-on pas

un ouvrage qu'on voit, point par point, se dé-
rouler sous les yeux et prendre insensiblement
physionomie ! On n'en saurait douter : l'ordre
qui cause à l'âme une haute satisfaction est
aussi, pour le travail, un élément de réussite,
par la promptitude et la perfection dont il a le
secret.

A l'ordre il faut joindre la *continuité*. Un bon
travail veut être fait, non pas à bâtons rompus,
mais d'une seule haleine, avec suite, d'un bout
à l'autre. Sans cela, l'ouvrage manquera, non-
seulement de ce cachet d'harmonie qui carac-
térise les œuvres de distinction, mais il péchera
peut-être par des points graves et nécessitera
un travail nouveau. « *Ne pas renvoyer au lende-*
» *main ce qu'on peut faire la veille* » et : « *croire*
» *n'avoir rien fait tant qu'il reste quelque chose*
» *à faire,* » sont des préceptes absolus qui s'ap-
pliquent à tout. D'abord, en opérant sans retard, on gagne du temps, et « *le temps est de*
l'argent, » disent les Américains, dans leur la-
conique langage d'affaires. Si l'on ne veille avec

fermeté à l'emploi du temps, il fuit par toutes les issues; « *il s'en va légièrement et ne revient* » *pas,* » disaient nos pères. Et un autre proverbe dit que « *le temps et la marée n'attendent* » *personne.* » Si l'on n'épargne les minutes, les heures s'évanouissent; et si l'on ne ménage les heures, les jours s'envolent. Or, chaque fois qu'il est question de travail, il doit être question de temps, qu'il faut calculer, épargner, distribuer avec sagesse, avec suite, avec une sorte de jalousie. Le temps malmené malmène le travail. En outre, quand on ne s'impose pas un rigoureux programme, l'esprit et la main ne sont pas moins distraits et dissipés que les heures et les jours. En interrompant brusquement son travail actuel pour passer à autre chose, en ne travaillant à la même œuvre qu'irrégulièrement et par bonds, on s'expose à perdre le fil du mouvement intérieur, à compromettre la disposition générale et le fini du travail. On court le risque de se laisser envahir par le découragement, le dégoût, et de demeurer à mi-chemin. La fable., fréquente et fidèle image de l'histoire, nous apprend que la marche lente et continue de la tortue peut quelquefois l'emporter sur l'extrême agilité du lièvre qui, dans sa course, ne procède que par saccades. Il s'agit, en toute voie, d'avancer avec ténacité, toujours dans la même direction, et ménageant assez ses forces pour arriver jusqu'au bout.

Généralement, c'est en une seule coulée, en un seul jet, qu'ont été conçus et exécutés les travaux, marqués au coin de l'unité et qui comptent parmi les œuvres de génie. Mieux vaut mille fois un travail lentement progressif, qu'un travail impétueux mais intermittent. Et ce n'est pas tout que de mener à bonne fin, sans désemparer, un travail une fois entrepris. Cette continuité, indispensable pour toute œuvre isolée, ne l'est pas moins pour l'ensemble des travaux qui sont comme la tâche spéciale dévolue à une vie entière. On ne se forme, on ne parvient à une certaine élévation que par des élans successifs, par la longue habitude d'un

travail ininterrompu. L'épée, au fourreau, se
rouille ; et les organes humains, également, —
s'ils ne se livrent à un exercice journalier, qui
entretienne leur souplesse et développe leurs ap-
titudes. Les facultés intellectuelles, comme les
divers membres du corps, se fortifient démesu-
rément en s'appliquant avec persévérance aux
mêmes opérations. La vaillante persévérance est
la mère des œuvres fortes et durables. Et c'est
de loin, par beaucoup d'efforts, qu'on s'initie à
l'énergique vouloir, à l'indomptable fermeté. Il
faut s'y préparer de bonne heure, dès les jeunes
années ; car telle nature qui, prise à temps et cul-
tivée avec un intelligent amour, se serait mer-
veilleusement assouplie au travail, — s'enraidit
dans l'oisiveté et devient incapable de l'œuvre
même la plus élémentaire ; tandis qu'avec l'habitude, — l'amour du travail, s'il n'est inné,
devient une seconde nature, ne répugnant à aucun labeur, hardi, habile, puissant, et réalisant, parfois, ce qui semble n'être que l'apanage du génie.

Dernière considération : la valeur productive des heures décroît avec les années. Dans la force de l'âge, les heures sont d'or, ainsi qu'on l'a justement remarqué. Plus tard, elles sont d'argent. Et plus tard encore, dans la vieillesse, ne sont-elles pas de plomb ? « *Qui à vingt ne sait,* » *à trente ne peut, à quarante n'a, — jamais ne* » *saura, ne pourra, n'aura.* » Ainsi, l'on doit s'aguerrir au travail, en s'y exerçant d'une manière habituelle, afin de pouvoir, pour toutes les entreprises spéciales, disposer de l'adresse et de l'énergie sans lesquelles on n'obtient guère de résultats.

Mentionnons, enfin, la *moralité* qui concourt, — avec la continuité, l'ordre, l'intelligence, — à former la bonne méthode du travail. Par moralité, nous entendons la noblesse du but, la pureté des moyens, la stricte observation de la justice et ces dispositions intérieures qui, découlant d'une *droite conscience*, d'une vie heureuse, — produisent la sérénité du cœur. L'homme méchant ou corrompu, qui ne rêve que fraudes ou passions, est absorbé par des objets étrangers à son travail, auquel il ne s'intéresse plus que médiocrement. Autant que l'inconduite, — les chagrins, qui souvent en sont la conséquence, l'inquiétude d'esprit ou la mélancolie, minent le corps et portent une sérieuse atteinte à la valeur du travail, qui exige la concentration des pensées et des forces sur le même objet. Le travail moral, c'est celui qu'on accomplit, libre de toute gêne, de toute préoccupation, de tout mensonge, — quand on agit comme sous l'œil de Dieu et des hommes ; — c'est celui dans lequel on ne sacrifie pas la solidité au clinquant, la qualité à l'abondance, et, dans l'ordre intellectuel, la vérité au sophisme, la pureté au goût perverti du jour ; c'est celui, en un mot, dans lequel les matériaux, le temps, la réflexion n'entrent pas dans des proportions rationnelles ou convenues. Tôt ou tard, la fraude se découvre ; et après quelques rémunérations imméritées, l'ouvrage de mauvais aloi trahissant son auteur, il se prend lui-même dans les piéges qu'il a tendus. Il a fait son œuvre sans intention morale ; les procédés les plus prompts et les plus économiques lui ont paru les meilleurs ; il ne s'est attaché ni aux règles de la *méthode* ni aux *mobiles* qui doivent inspirer tout noble cœur. Comment son œuvre ne lui attirerait-elle pas déshonneur et déception ? En trompant les autres, ne se sera-t-il pas trompé lui-même ? Ne perdra-t-il pas estime et sympathie ? perte considérable (*bonne renommée vaut mieux que ceinture dorée*) qui ne se répare qu'à la longue, si même jamais elle se répare. Tandis que l'homme intègre dans ses travaux, voit s'accroître sa réputation, son crédit, ses clients, son bien-être. « A bon ouvrier, » ne fault l'ouvrage. » — L'expérience le proclame avec une force réjouissante. Et puis, quelle paix, quelle noble satisfaction que de marcher partout le cœur serein, le front levé ! Quelle joie profonde dans le sentiment qu'on a fait son devoir et du mieux qu'on a pu ! Cet unique témoignage interne, à défaut d'autre

couronne, n'en serait-il pas une suffisante? Je
ne sache pas qu'il soit, au monde, de plus beau
privilége, de plus douce jouissance, que de
pouvoir, en vue d'un but utile, avec conscience
et continuité, avec entente et ordre, accomplir
un travail quelconque pour lequel on se sent du
goût et de l'amour. Privilége souvent obscur,
mais glorieux; — jouissance intime, mais pénétrante, — et qu'on ne donnerait pas en
échange d'un trône mal conquis, ou d'un grand
trésor tortueusement gagné.

II.

Si, dans une image saisissante, la voie du
paresseux nous est représentée comme « *une
haie de ronces,* » — la voie du travailleur peut
être comparée à une route droite et unie, sur
laquelle il lui arrive de tomber d'épuisement,
pour avoir couru trop vite.

Souvent, en effet, on oublie que le travail est une loi, que toute loi ne fonctionne que dans certaines conditions, sous peine des plus graves désordres. On abuse du travail comme des choses les meilleures, soit en excédant ses propres forces, soit en ne les réparant pas suffisamment. Le jour, la nuit, par tous les temps ou tous les états de santé, on accomplit son œuvre sans relâche, sans ménager les ressorts de l'esprit et du corps, qui se détendent lorsqu'ils ne se brisent pas; et il vient un temps où l'on s'affaisse sur soi-même, dans l'impossibilité de reprendre jamais sa tâche ou de la reprendre avec vigueur. Les forces humaines étant limitées, tout excès de travail les use, les compromet et mérite d'être qualifié d'imprudence coupable, d'attentat indirect à la vie. Que de fois, pour avoir cédé à une ardeur immodérée, ne se voit-on pas contraint de s'arrêter avant l'heure et de laisser en friche une partie de sa puissance productive! Les maladies, les infirmités surgissent, les facultés s'éteignent ou s'atrophient. Quel tort ne se fait-on pas et de quoi ne prive-t-on pas la société !

Au point de vue moral, l'excès de travail n'est pas moins funeste. Usé par la fatigue, l'homme s'abandonne à la tristesse, au découragement, à la misanthropie, à de coupables plaintes contre la Providence, à d'amères récriminations contre l'ordre social, dont il rêve, dont il souhaite, dont il prépare même, selon ses moyens, le bouleversement, pour le fonder sur de nouvelles bases ! Ou bien, s'il ne devient pas victime d'une sombre mélancolie, il le devient de la fièvre des excitants, des boissons alcooliques, qui soutiennent, d'une manière factice et en absorbant sa dernière vitalité, son pauvre corps qui tombe en défaillance; alors, dans son état de croissant énervement, il arrive à être, presque sans résistance, le jouet des plaisirs sensuels et des plus mauvaises passions. Il se perd corps et âme. Autant le travail mesuré, conforme à la capacité d'un chacun, est obligatoire, moralisant et salutaire, — autant le travail excessif est funeste, répréhensible, et doit être évité à tout prix (1).

Si l'on doit éviter pour soi-même l'abus du travail, on le doit surtout quand il s'agit des autres. Nous n'avons pas le droit de disposer d'eux, comme de nous; nous ne pouvons même disposer de nous d'une manière absolue, nous ne sommes pas les maîtres d'attenter à nos propres jours; à plus forte raison ne devons-nous, en aucune manière, porter la moindre atteinte à la santé et à la vie de nos semblables. En tout être humain, serait-ce le plus obtus, — nous devons reconnaître un égal, un frère, digne de notre respect et de notre amour. Malheur à qui,

(1) « Quand l'homme travaille plus qu'il ne peut, la circulation est » trop exagérée, et cette accélération peut se traduire par des accidents » divers du côté du cœur et des vaisseaux...... L'effort musculaire ne se » produit pas sans une exagération dans les fonctions d'une partie du » système nerveux, qui peut lui-même subir, soit de la dépression, soit » d'autres modifications, par suite de cette activité. Outre l'inconvénient » de la chaleur accablante, des sueurs exagérées qui suivent un exercice » violent et soutenu, les réserves les plus faciles à détruire sont épui- » sées dans un temps très-court..... » (Bouchardat, *Influence du travail sur la santé*).

le cœur vide de tout sentiment sympathique et humain, traiterait durement son semblable, sans égard pour la limite de ses forces, et ne se préoccupant que d'en tirer le meilleur parti possible. Pourquoi lui faire ce que nous ne voudrions pas qu'il nous fît, si les rôles étaient renversés? Nous nous indignerions qu'on nous imposât un travail qui, par la peine ou la durée, fût hors de proportion avec notre pouvoir; nous ne devons pas davantage, sinon par sympathie, du moins par stricte équité, imposer à nos frères une charge excessive, de nature à mettre en péril leur existence ou leur santé. Hélas! pourquoi faut-il que cette obligation sacrée soit si souvent méconnue? Quel sublime cri de douleur l'Oncle Tom n'a-t-il pas fait retentir à tous les bouts du monde! Quelle inhumaine, quelle barbare exploitation que celle des esclaves! Tyrannie effroyable et maudite qui, à l'heure même, subit sa juste expiation et dont bientôt, peut-être, la terre sera purgée. Il est vrai que de ce côté de l'Océan, nous ne sommes pas responsables de

l'odieux martyre des esclaves ; mais sommes-
nous entièrement nets de tout abus? Des faits
lamentables n'ont-ils pas fourni matière à un
ouvrage intitulé : l'*Esclave Blanc*? Et l'on sait
que l'Etat, au perçant regard duquel rien n'é-
chappe, a connu des faits assez graves pour ne
pas reculer devant une ingérence dans le domaine du travail privé, devant une atteinte à la
liberté individuelle. Chose étonnante ! c'est d'Angleterre, le pays le plus libre du monde, qu'est
parti cet élan de restriction à la pleine indépendance du travail privé; il fallait, pour en
venir là, qu'il existât de puissants motifs. Cet
exemple a été suivi à peu près partout. En France,
comme ailleurs, l'Etat a jugé bon d'intervenir
directement et de régler lui-même la question
du travail dans les ateliers (1). « La pente qui

(1) Lois du 22 mars 1841, — du 9 septembre 1848, — de 1850,
— du 22 février 1851. — Le travail de nuit n'est pas autorisé pour les
enfants au-dessous de treize ans. La fermeture des ateliers, le dimanche et jours fériés, est ordonnée par la religion, la morale, l'hygiène,
l'économie industrielle ; l'Angleterre et l'Alsace observent ce principe.
C'est à Paris et dans son vaste rayon qu'on s'écarte le plus de cette rè-

» conduit à faire de l'ouvrier un simple acces-
» soire de la machine est trop glissante, pour
» que la société ne se préoccupe pas vivement
» de cette grande question du travail dans les
» manufactures et dans les mines » (1). Comment
ne pas s'en préoccuper? Il ne s'agit de rien moins
que d'un principe d'humanité, de l'avenir de l'industrie et de la paix sociale qui en est la conséquence. Prévenir vaut toujours mieux que réparer; et les réformes sagement graduelles sont
préférables aux brusques conquêtes des révolutions. Dans cette œuvre générale, chacun peut
quelque chose; au fait, nous sommes tous soli-
daires et nous portons, jusqu'à un certain point,
la responsabilité des vices sociaux. Ne fussions-
nous pas individuellement coupables (et il en
est peu qui ne le soient à quelque degré), nous
ne saurions nous abstraire de notre milieu, de

gle. Pourtant, « *à une autre extrémité de la France, à Nismes, Lo-*
» *dève, Bédarieux, Mazamet, Castres, etc., l'observation du*
» *dimanche est enracinée, comme un fait traditionnel, dans les*
» *mœurs populaires* » (Audiganne, p. 25).

(1) Bouchardat, p. 84.

notre époque, et nous sentir légers d'un mal général. Acclamées depuis longtemps en principe, l'égalité et la fraternité ont encore bien du chemin à faire pour passer dans les mœurs. C'est à chacun d'y travailler par son influence et son exemple.

L'intervention du gouvernement, dans ces dernières années, révèle l'étendue du mal. Il est vrai qu'il était intervenu bien avant; mais il avait aggravé l'état des choses, au lieu de l'améliorer. Déjà, la révolution de 1789, justement anxieuse du sort des travailleurs, avait voulu réglementer cette matière comme toutes les autres. Quoique ardemment sympathique aux classes laborieuses, peut-être même à cause de cela, — elle dépassa le but. Dans un esprit de violente réaction contre la multiplicité des fêtes qui, en diminuant les salaires, diminuaient le bien-être des travailleur, — elle décréta qu'il n'y aurait plus que trois jours fériés par mois, un tous les dix jours, ce qui leur valut le nom de décades. Trois jours par mois..... ce n'était pas assez; les jours du travail devenant trop nombreux, les ouvriers ne tardèrent pas à s'en ressentir ; la fatigue, les maladies, l'épuisement survinrent, tant chez les animaux que chez les hommes ; l'expérience démontra l'énormité de l'erreur commise ; les décades durent être abandonnées ; et l'on reconnut que Dieu, plus sage que la Révolution, avait bien fait de fixer un jour de repos, sur sept et non sur dix.

En descendant sur ce terrain, l'Etat sort de sa sphère naturelle et empiète sur les droits individuels. Il ne lui appartient pas de tracer des limites au travail, ailleurs que dans ses propres chantiers. La liberté s'y oppose et chacun doit demeurer maître de travailler, autant ou aussi peu que bon lui semble. Si l'âpre soif du lucre fait manquer à l'humanité ou à la sagesse, — il n'y a qu'à prendre patience, avec la certitude que le remède (comme cela s'est vu souvent) sortira tôt ou tard de l'excès du mal, et en sortira, d'autant plus efficace, que le mal aura été plus intense et plus prolongé. Il n'est rien de

plus pernicieux à la spontanéité publique que
cette perpétuelle initiative de l'Etat en toute
chose. On s'accoutume à le regarder comme un
tuteur indispensable, universel et fort commode.
En le voyant agir, on se donne l'autorisation
de ne pas agir soi-même : que peut un individu
auprès de l'action collective de tous dans la personne de l'Etat? On abdique entre ses mains;
et c'est ainsi que les caractères s'affaiblissent et
que l'individualité va s'évanouissant de plus en
plus. En outre, comme on se repose de tout
sur lui, on le rend responsable de tout; on se
croit dans la logique et dans la justice, en lui
demandant des solutions pour tous les problè-
mes, du baume pour tous les maux; et l'on s'en
prend à lui de tous les désenchantements, de
toutes les souffrances sociales; on se trompe sans
doute; mais l'erreur, sans être pour cela justi-
fiée, n'est-elle pas inévitable? Et l'Etat, par ce
point, ne tombe-t-il pas dans la grande illusion socialiste? On sait, en effet, que le rêve
favori du socialisme consiste à conférer à l'Etat

une suprématie universelle, le droit de tout absorber en lui, d'annihiler à son profit toutes les personnalités par le moyen d'une violente concentration de pouvoir, de richesse et d'activité, entre ses seules mains. Rendons justice aux intentions; mais avouons que le système est détestable et les conséquences désastreuses, à tous les points de vue. Du reste, ces idées subversives, sous prétexte d'ordre, ne sont pas aussi modernes qu'on le croirait. Autrefois et pendant longtemps, les *maîtrises,* les *jurandes,* les *corporations* (1) entravèrent le libre développement du travail et son organisation naturelle. C'étaient des institutions revêtues d'une grande puissance, créant, au profit de quelques-uns, un monopole préjudiciable à l'intérêt public, étouffant l'effort individuel et ruinant la liberté de l'industrie. Ces corporations, pour l'exercice exclusif des arts, des métiers et du

(1) Avant 1789, il existait à Paris quarante-quatre corporations très-fermement organisées, avec officiers, assemblées, statuts, etc.

commerce, remontent aux Romains. Après bien des bouleversements, l'Italie, l'Allemagne, la France en particulier, les reconstituèrent au moyen âge (1). A Turgot, ministre de Louis XVI, revient la gloire du premier édit d'émancipation, qui imprima au travail un immense essor, mars 1776; cédant aux vives réclamations des intéressés, le successeur de Turgot eut la faiblesse de rétablir ces vieux priviléges, que la révolution de 1789 balaya définitivement, 17 mars 1791. — L'entière liberté du travail fut alors proclamée; et, depuis, elle est devenue la grande et juste loi des sociétés modernes. On le voit, ce serait étrangement reculer que de remonter, sous la bannière socialiste, aux vieux et despotiques priviléges du travail. Et ce recul, en absorbant l'individu dans l'Etat, quels funestes effets ne

---

(1) On n'était reçu *maître* qu'après un temps marqué d'apprentissage et de compagnonnage; les candidats à la maîtrise n'étaient agréés que sur la présentation d'un *chef-d'œuvre*. Pour chaque corps d'état, les maîtres formaient une corporation privilégiée, choisissant entre eux des syndics pour le jugement des conflits, la surveillance de leurs règlements et l'administration des intérêts communs.

produirait-il point ! Ceci n'est pas une conjecture ; c'est, hélas ! une des plus navrantes pages de notre histoire nationale. Quand on fait de l'Etat le gérant général de l'industrie, le droit au travail, c'est-à-dire le droit de tout individu, sans emploi, d'exiger de l'Etat un travail salarié, — en découle logiquement ; l'Etat étant le grand monopoliseur des entreprises et des ressources de tout genre, à qui s'adresser qu'à lui ? Par le fait seul qu'il accapare tous les éléments de la richesse publique et se fait tête de mouvement, — il faut qu'il occupe et nourrisse ceux dont il s'est, avec despotisme, constitué le père et le patron. Or, le droit au travail est une chimère, mais une redoutable chimère, avec laquelle il ne faut pas jouer. Il est et il sera toujours matériellement impossible à l'Etat de faire de la soierie, des draps, des meubles, des objets de luxe, de la bijouterie, etc., etc., de s'ériger en fabricant de toute chose et de pourvoir, par conséquent, de travail, les bras inoccupés. Et c'est à cela que l'obligerait pourtant le droit au travail ; il devrait fournir à

.chacun son occupation et son salaire de chaque
jour : — le droit n'admet pas d'à peu près; il
est rigoureux; et le devoir, qui lui correspond,
n'est pas moins rigoureux que lui. L'Etat ne serait
alors qu'une immense fabrique, tenu d'occuper
et de nourrir tous ses citoyens, comme un peuple
d'enfants ou d'ilotes, incapables de vivre
par eux-mêmes. Ce serait non-seulement la
désorganisation de l'industrie, mais même la
décomposition de l'ordre social. Du reste, on a
pu juger du principe par ses fruits. Implicitement
renfermé dans les constitutions de 1791 et
1793, le droit au travail fut proclamé, sans réflexion
suffisante et sous l'empire des événements,
par les décrets des 26 et 28 février 1848.
Il eut pour fruit immédiat la création des ateliers
nationaux. Quel étrange abus du travail,
que ces ateliers nationaux, de triste mémoire !
Là, cent mille ouvriers, tous les matins, se donnaient
rendez-vous, s'occupant, de préférence,
de politique, de libations et de complots : force
redoutable, mobile, turbulente, rebelle à tous

les ordres, sauf à ceux de quelques chefs audacieux et violents, — terrible épée de Damoclès
suspendue sur la patrie, — et dont l'Assemblée
nationale, dans l'intérêt public, dut courageusement prononcer la dissolution. C'est à la suite
de cette dissolution nécessaire qu'éclata l'émeute
du 24 au 27 juin, que le noble général Cavai-
gnac ne put étouffer que dans des flots de sang.
Quels épouvantables malheurs n'enfantent pas
souvent les fausses théories et les abus des choses
les meilleures ! Aussi doit-on n'abuser de rien,
même des principes en soi les plus recomman-
dables, et se souvenir que l'abus touche l'usage
de fort près. Certes, qu'est-il de plus beau et
de plus utile que le travail ? et cependant, dès
qu'on en abuse, — dans quels abîmes ne préci-
pite-t-il pas ! L'énergie des facultés, la moralité,
la santé, la vie, l'ordre public, la paix générale, — tout est atteint ou détruit par l'abus
d'un fait en lui-même excellent. L'existence
individuelle et sociale risque d'être bouleversée
par un seul droit mal compris et un seul devoir

mal appliqué : les décades, les ateliers nationaux, les spectres vivants de certaines filatures,
— se dresseront toujours comme d'inflexibles
témoins, pour prouver invinciblement que si le
travail est obligatoire et digne de louanges, —
l'excès du travail est dangereux et criminel. Il
en est de la loi naturelle, divine, du travail,
comme de toute autre loi : elle n'agit, elle n'est
salutaire que dans certaines limites et certaines
conditions.

Quiconque a l'habitude de prendre au sérieux
la vie et d'accorder aux questions le juste soin
qu'elles méritent, regardera la question du travail comme une des plus considérables qui
existent, remontera jusqu'au principe même
de sa loi, se pénétrera de son obligation, de
sa nature, de ses mobiles, de sa méthode, de
ses abus divers ; et, s'estimant comme un ouvrier dans la ruche universelle de l'humanité,
il exécutera, courageusement, joyeusement, sa
tâche spéciale ; il l'exécutera, par devoir, pour
le bien général, comme on exécute une sainte

mission reçue de Dieu, sachant d'ailleurs que la coopération de tous peut seule produire l'harmonie du tout.

Tel est au moins l'idéal.

Dans cet idéal, la loi du travail, partout obéie, ni plus ni moins qu'il ne convient, — élèvera l'individu à toute sa dignité morale et l'humanité à toute sa splendeur possible; la terre sera la glorification du ciel, et, sans redevenir pour cela un Eden primitif, dont le péché ne rend pas le retour probable et qu'il faut d'ailleurs maintenant chercher dans les parvis d'En Haut, — elle offrira aux voyageurs en marche vers l'éternité, une tente embellie, où ils commenceront à savourer l'avant-goût des beautés et des joies de la patrie qui les attend. Chaque jour nous rapproche de cet idéal, encore si éloigné. L'essentiel est que nul ne défaille à sa tâche; car la loi du travail a une destinée aussi certaine que glorieuse : elle ne peut pas ne pas devenir universelle; elle ne peut pas davantage ne pas porter les fruits pour lesquels Dieu l'a établie.

SECONDE PARTIE.

Les fruits du travail.

« J'aime mieux ma famille que moi-même,
» ma patrie que ma famille, l'humanité que
» ma patrie. »

(FÉNELON.)

CHAPITRE PREMIER.

LES FRUITS DU TRAVAIL POUR DIEU ET L'HUMANITÉ.

« Le travail est un hymne à l'Eternel »
(GARIBALDI.)

« En politique, comme en morale, c'est
» un grand mal que de ne pas faire de
» bien ; et tout citoyen inutile peut être re-
» gardé comme pernicieux »
(J.-J. ROUSSEAU).

I.

Le travail est une loi. Cette idée forme la chaîne des chapitres précédents et nous amène maintenant à parler des effets de la loi, des fruits du travail. Ces fruits, mieux que tous les raisonnements, démontrent ses avantages et sa nécessité.

Mentionnons premièrement les fruits du travail par rapport à *Dieu*.

Quoi de plus juste que de magnifier tout d'abord Celui qui, par la création des matériaux et des instruments, a rendu possibles le travail et ses fruits ! Chose étrange ! le pieux archevêque de Cambrai, — l'auteur des *Maximes des saints*, le piétiste condamné qui, dans l'ardeur de ses mystiques extases, s'absorbait presque en Dieu, — oublia justement de mettre Dieu au bout de ce magnifique sentiment : « J'aime » mieux ma famille que moi-même, ma patrie » que ma famille, l'humanité que ma patrie. » Dieu n'y manque-t-il pas, comme le couronnement naturel ? Ne doit-il pas être placé au bout de cette énumération, immédiatement au-dessus de l'humanité ? On ne saurait mettre en doute que Fénelon lui-même ne fît de Dieu le premier objet de ses affections : s'il aimait l'humanité plus que sa patrie, à coup sûr il aimait Dieu encore plus que l'humanité.

Telle est la gradation que nous observerons

nous-même dans la classification des fruits du
travail ; car si nous devons aimer le travail
pour lui-même, il nous est permis de l'aimer
pour ses fruits ; et ses fruits doivent être d'autant plus appréciés qu'ils s'adressent à des objets supérieurs et qu'ils sont d'une application
plus étendue.

L'objet supérieur par excellence, c'est Dieu.
S'il est faux de dire que « *celui qui travaille
prie*, » puisqu'on peut beaucoup et bien travailler sans élever nullement son âme à Dieu,
— il est vrai néanmoins que le travail en luimême, indépendamment de celui qui le fait,
est un hymne à l'Eternel, — un hymne qui
célèbre sa puissance, sa sagesse et son amour,
— un hymne croissant en éclat et en harmonie, à mesure que le travail permet de soulever les voiles qui recouvrent les inépuisables
secrets de l'univers. Chaque coup de pioche fait
jaillir une lumière nouvelle. Chaque conquête
du génie, chaque développement de l'intelligence concourt à la gloire de Dieu. Le progrès

des sciences, les livres palpitants d'une généreuse inspiration, les prodiges de la vapeur,
du magnétisme, de l'électricité, — les fils mystérieux unissant les extrémités de la terre et
faisant passer à travers le courant des eaux le
courant des idées, — la lumière reproduisant
soudain des traits bien-aimés, — les toiles qui
s'animent, — le marbre et le bronze qui parlent, — le cocon de l'insecte et la toison trans-
formés en de moelleuses et brillantes étoffes,
— les mélodies admirables des instruments ou
mieux encore des voix humaines, — les calculs déterminant la prodigieuse distance des astres et leurs révolutions dans l'immensité, —
les merveilles de l'industrie et des arts, — les
machines, — les monuments grandioses, — les
découvertes de tout genre, — les ressources
sans nombre provenant des entrailles du sol,
— la marche constamment ascendante de la
civilisation ; — tous ces triomphes de l'esprit, tous ces travaux couronnés de succès, —
tout cela n'exalte-t-il pas hautement celui qui,

après avoir créé les premiers éléments, alluma
dans l'âme l'étincelle divine, capable de les transformer de mille façons et de les adapter à mille
usages ? — Quand le télescope, de son œil perçant, fouille les profondeurs de l'immensité et
y aperçoit un astre nouveau ; quand le physi-
cien constate une loi nouvelle, le chimiste un
corps qu'on ne soupçonnait pas, le philosophe
un phénomène psychologique jusqu'ici incer-
tain, l'artiste un procédé qui révolutionne une
partie de son art, l'ouvrier une application spéciale qui donne lieu à une industrie grandiose
autant qu'inopinée ; — quand la richesse intellectuelle ou matérielle s'accroît ; — quand, à
mesure qu'on avance, de plus larges horizons
apparaissent et contraignent l'orgueil humain à
confesser humblement qu'il ne connaît encore
que les bords de la création, — n'est-il pas vrai
que tout mystère révélé, tout doute dissipé,
toute obscurité éclaircie, tout progrès, — manifeste l'infinie diversité des choses existantes
et par conséquent l'infinie puissance et l'infinie

bonté de celui qui les créa? Ne se sent-on pas pénétré d'une plus vive admiration pour le Créateur du monde, de ce monde qui atteste une suprême intelligence et qui laisse même pressentir beaucoup plus encore qu'elle ne laisse voir? N'est-il pas vrai que le travail, cette clef du déchiffrement universel, manifeste et démontre Dieu, exalte ses attributs, enflamme le cœur d'enthousiasme et de sainte gratitude? Et, en dévoilant de plus en plus les perfections invisibles de Dieu et sa divinité, n'est-il pas un hymne véritable, un hymne de foi et de louange à l'Eternel?

II.

Le travail est aussi un hymne *à l'humanité*, en même temps qu'un devoir sacré envers elle.

Combien ne recevons-nous pas de l'humanité, et combien, en retour, ne lui devons-nous pas!

« *Celui qui ne travaille pas est un voleur,* » a

dit un peu crûment l'organisateur des ateliers
nationaux de 1848. Il y a quelque chose de vrai
dans cet énergique apophthegme, que l'antiquité
n'aurait point répudié, si du moins on en juge
par le sentiment du célèbre législateur Solon,
qui voulait « *qu'il fût permis de déférer aux*
» *tribunaux l'homme qui ne travaille pas.* » C'est
que, de bonne heure, on comprit instinctivement tout ce dont l'individu est redevable à
l'humanité.

Quels trésors, quels capitaux lentement amas-
sés l'humanité ne livre-t-elle pas à celui qui
paraît spontanément au milieu d'elle ! S'il était
obligé de recommencer à nouveau le travail
des siècles, de partir d'où est parti le premier
homme, — atteindrait-il jamais le point si avancé
où le place l'action progressive de l'humanité ?
On l'a dit : nos pères ont pensé, ont travaillé
pour nous ; leurs inventions sont notre héritage
et nous mettent en état de travailler nous-mêmes avec la force de vingt générations. Ils nous
ont légué le riche dépôt de la civilisation....,

Ne nous incombe-t-il pas de l'augmenter pour
nos neveux? Liés au passé par la reconnaissance, ne sommes-nous pas liés à l'avenir par
de saintes obligations? Tous les hommes se tou-
chent. L'unité de l'espèce et la profonde loi de
solidarité morale qui les rattache les uns aux
autres, forment d'eux tous, malgré de notables
différences, un ensemble harmonique, une famille de frères faits pour s'aimer et s'entr'aider.
L'humanité est un être collectif; elle n'a qu'un
seul point de départ, qu'un même point d'arri-
vée, et, dans l'intervalle, elle ne doit avoir
qu'une même pensée, qu'une commune aspira-
tion. « Non-seulement chacun des hommes, dit
» Pascal, s'avance de jour en jour dans les
» sciences, mais tous les hommes ensemble y
» font un continuel progrès, à mesure que l'u-
» nivers vieillit, parce que la même chose ar-
» rive dans la succession des hommes que dans
» les âges différents d'un particulier. *De sorte*
» *que toute la suite des hommes, pendant le cours*
» *de tant de siècles, doit être considérée comme*

» *un même homme qui subsiste toujours et qui*
» *apprend continuellement.* » L'humanité, « ce
» même homme qui subsiste toujours et ap-
» prend continuellement, » selon la belle dé-
finition du célèbre penseur, — l'humanité augmente sans cesse, en même temps que la somme
de son savoir, celle de son bien-être et des instruments qui le multiplient à l'infini. Chaque
nouveau progrès ne profite pas seulement à
l'ouvrier qui l'accomplit et au lieu qui en est le
théâtre : il devient le patrimoine universel ; il
se répercute à tous les bouts du monde, comme
l'agitation produite à la surface de l'eau, par le
jet d'un caillou, se transmet de proche en proche, par cercles concentriques, à tous les points
du bord.

Plus l'humanité traverse d'étapes, plus ses
moyens de propagation s'améliorent et se développent. Aussi, peut-on sans témérité prophétiser
qu'un jour sera où tous les hommes, — n'importe leur langue, leur race, leur pays, — auront
leur place au brillant banquet de la civilisation.

Qu'on nous comprenne bien : nous ne partageons pas l'illusion de ceux qui font du travail le principe absolu d'une régénération sociale, et nous estimons que, pour une telle œuvre, il faut les principes tout autrement puissants, se rattachant à un ordre plus élevé. Arrière de nous le chimérique espoir des rêveurs qui, forçant à outrance la vertu productive du travail, — le représentent comme une panacée universelle et voient déjà briller, dans les vapeurs de l'horizon, l'ère bénie où, grâce au double fait de son organisation et d'un égal partage des biens, — un éternel chant de joie montera de la terre. Malgré notre irrésistible foi en l'avenir, nous ne pouvons croire que le phalanstère soit l'équivalent du paradis, ni que jamais, comme le veut Fourier, les eaux de la mer soient transformées en limonade. De tels songe-creux, sortis de l'ardente imagination d'un maître généreux mais par trop enthousiaste, — de tels songe-creux, reproduits en nombreuses variantes par la nuée de ses disciples, — ne sont qu'une fallacieuse pâture pour l'esprit crédule des multitudes, ne servent qu'à aiguiser de sauvages appétits, à soulever d'implacables haines et à préparer de cruels déboires. Il se peut qu'à la longue, nous le désirons autant que nous l'espérons, le travail parvienne à guérir la plaie du paupérisme. Mais, tant s'en faut, tout n'est pas là. Et nous ne sachions pas que, pour ramener l'heureux âge d'or après lequel on soupire, il soit d'autre moyen que la régénération morale de l'individu, par laquelle seulement on déterminera la régénération des peuples. Car, tant que les individus resteront les esclaves du mal, tant que dans le cœur humain, comme dans un pandémonium, s'agitera la tourbe infernale des passions, — il n'est ni partages, ni travaux, ni institutions qui soient capables de faire fleurir, dans la vallée terrestre, la délicate plante du bonheur. D'abord, les tumultueuses tempêtes des instincts charnels la priveraient du doux air, du ciel serein qui lui sont indispensables pour germer et croître ; et

puis, dans le cas même où elle viendrait à s'é-
panouir, ces mêmes tumultes intérieurs, — la
flétrissant et la brisant, la dissiperaient comme
l'ouragan la plume de l'oiseau. Il est vrai que
le travail, en contribuant à la régénération individuelle et sociale, peut concourir à l'établis-
sement de cet heureux âge d'or de l'avenir ; et
c'est un de ses plus beaux titres de gloire. L'erreur consiste à faire d'un travail, plus répandu
ou mieux organisé, la condition souveraine de
l'idéale félicité : quoique source de tant de bénédictions, le travail évidemment ne saurait tenir lieu de tout. C'est un grand tort que de
dépasser ainsi les limites du raisonnable, du
sens commun ; on s'expose à compromettre, en
l'exagérant, ce que le travail renferme de plus
légitime. Aussi doit-on se défier de ces systèmes
qui, procédant d'un principe incomplet ou poussant tout à l'extrême, donnent aux choses les
proportions de l'absolu, forcent les conséquences possibles, donnent à l'imagination le pas
sur les froids calculs et offrent le grave incon-

vénient, par les inévitables mécomptes qu'ils produisent, ou d'exaspérer les cœurs en les irritant ou de les énerver en les décourageant. Mieux vaut parfois un ennemi qu'un imprudent ami. Pourquoi ne pas s'en tenir simplement à la réalité ? N'est-elle pas assez belle sans l'utopie ? N'est-ce pas assez pour le travail que l'honneur de répandre à profusion des biens sur la terre, sans l'ériger en baguette magique apte à réaliser des chimères ? N'est-ce pas assez de l'idée que ses fruits s'étendent à l'humanité entière, sans lui prêter gratuitement la puissance de faire descendre le ciel en ce monde, ainsi que le proclament fouriéristes et saint-simoniens ? Les effets naturels, positifs du travail ne suffisent-ils point pour le faire bénir et rechercher ? Comment un noble cœur ne se sentirait-il pas stimulé par le rejaillissement des effets du travail jusqu'aux plus lointaines limites ? Quels bienfaits pour l'humanité, par exemple, dans les ressources croissantes de la médecine et de la chirurgie ! La quinine n'abat-elle pas la

fièvre ? L'abaissement de la cataracte ne rend-
elle pas la vue à l'aveugle ? La ligature de l'ar-
tère ne coupe-t-elle pas court à l'hémorrhagie ?
L'inoculation du virus ne préserve-t-elle pas de
plusieurs fléaux épouvantables ? L'amputation
n'arrête-t-elle pas la gangrène et ne sauve-t-elle
pas l'incurable ? La lithotricie ne broie-t-elle pas
la pierre dans l'intestin ? Le fluide électrique ne
ranime-t-il pas les muscles engourdis ? La lan-
cette ne détourne-t-elle pas les épanchements ?
Le chloroforme n'anéantit-il pas la douleur ? Et
ces effets ne se produisent-ils pas en tout lieu et
sur tout être humain ? Oh ! que de souffrances
peuvent être adoucies et d'infirmités prévenues,
dans le monde entier, par un instrument, par
un grain de poussière, par la goutte d'un liquide,
fruits des efforts d'un seul travailleur !

Quand on se dit, pour nous borner à peu de
faits, qu'une découverte, comme celle de la vapeur ou de l'électricité, est un bienfait universel,
aplanit les monts, franchit les fleuves, les océans
et les déserts, — rend à toute heure les hommes

présents les uns aux autres, — fait d'un seul
marché le rendez-vous de tous les produits du
globe, — soulage infiniment les labeurs de la
classe ouvrière, par l'adjonction de la mécanique à l'industrie et à l'agriculture, — facilite et
perfectionne le travail à un degré incroyable,
réduit le prix de tout, et appelle à l'aisance des
populations de plus en plus nombreuses; —
quand on se dit que du travail de quelques
têtes et de quelques mains peuvent sortir d'incalculables conséquences, embrassant la terre
et l'avenir, — on aime le travail comme on
aime un précieux trésor, on l'exalte avec passion et l'on répète avec une apologiste du progrès : « *Toutes les fois que nous entendons la*
» *machine à vapeur battre l'air de son rithme*
» *éperdu, dans son vol aussi rapide que le vol de*
» *l'hirondelle, nous la bénissons du fond du cœur,*
» *dans un religieux respect, parce qu'elle propage*
» *la cause de la liberté, la cause de la démocra-*
» *tie ;* » et nous ajoutons : la cause encore plus
sainte de l'humanité !

Et que ne pourrait-on pas dire de l'imprimerie? Avec leurs manuscrits sur tablettes de
cire, papyrus ou parchemins, les anciens ne
pouvaient s'adresser qu'à une portion fort res-
treinte des hommes, à une imperceptible minorité; leurs conceptions et leurs pensées de-
meuraient étrangères à la foule. Aussi n'y
avait-il point alors dans l'humanité de lien
moral pour unir les hommes, ni d'opinion publique, ni de spontanéité populaire. D'un autre
côté, pas d'assurances contre les flammes, les
termites, la vétusté : on comprend qu'à la longue, les plus robustes manuscrits devaient
mourir. Mais voici Gutenberg qui, à l'aide d'une
écorce de saule, invente l'imprimerie, en y gra-
vant le nom de sa bien-aimée.... Dès lors, plus
de crainte pour les travaux de la pensée! il
survivra toujours quelques exemplaires à toutes
les causes de destruction ; — plus d'aristocratie
de l'intelligence! mais le pain de l'esprit dis-
tribué aux multitudes ; — plus d'isolement moral
au sein même de la foule! mais des impressions

communes ; et , à un moment donné , tous les cœurs réunis en un seul cœur , montés au même degré d'enthousiasme ou d'indignation , sympathiques à la vie contemporaine et , avec élan , avec ensemble, ressuscitant le passé ou devançant l'avenir ! Avec l'imprimerie, il n'y a plus de temps, — comme avec la vapeur, il n'y a plus de distance. « Je converse avec Homère et » Cicéron ; les Homères et les Cicérons des » siècles à naître, converseront avec nous ; en » sorte qu'on peut hésiter à prononcer si une » presse n'est pas autant un véritable *sens,* » révélé à l'homme par Gutenberg , qu'une » machine matérielle ; car, il en sort sans doute » du papier, de l'encre , des caractères, des » chiffres, des lettres ; qui tombent sous les » sens ; mais il en sort, en même temps, de la » *pensée, du sentiment, de la morale ; de la reli-* » *gion , c'est-à-dire, une portion de l'âme du* » *genre humain* » (1). Nous ne pouvons résister

(1) Lamartine , Gutenberg.

au plaisir de citer encore une des plus belles
pages de M. Pelletan, disciple du grand poëte,
pages qui s'adaptent à merveille à notre sujet :
« Si le livre est un perfectionnement sur le
» rapsode, la multiplication du livre est aussi
» une conquête de plus de la civilisation, puis-
» qu'elle augmente le nombre des convives de
» l'intelligence. Aussi, l'imprimerie en vomis-
» sant par millions, par milliards, à coups de
» balancier, de ses cratères béants, la parole
» écrite sur le monde entier, a mis aujourd'hui,
» ou tend à mettre partout l'homme de niveau
» avec la plus haute conception possible de
» l'humanité. Car, qu'est-ce que l'homme, au
» sortir du berceau? Un être à moitié formé qui
» a besoin, pour son achèvement, d'un dernier
» tour de main, appelé instruction. Par l'ins-
» truction seulement, il tient à distance res-
» pectueuse le sauvage, son voisin de figure.
» Par l'instruction seulement, il ramène le
» passé à sa portée. Par l'instruction seulement,
» il multiplie son âme autant de fois qu'il ac-

» quiert une idée ; et , grâce à cette acquisition ,
» il revêt en quelque sorte la nature universelle
» de l'humanité, dernière et suprême expres-
» sion du progrès. Rome avait raison de donner
» le nom d'humanité à l'étude. L'étude est l'é-
» largissement de l'individu à la mesure de
» l'humanité » (1). — C'est le travail qui élargit
l'individu à la mesure de l'humanité, qui le fait
sortir de l'étroite sphère de son égoïsme, qui le
dépouille, au profit des autres, d'une parcelle
de soi-même. — Indépendamment des bienfaits
directs dont il comble l'humanité, le travail
peut servir de puissant palliatif, sinon de remède souverain contre plusieurs plaies sociales
qui, de temps à autre, forcent violemment les
hommes à les envisager en face ; je veux surtout parler des malaises sociaux, de l'esclavage
et du paupérisme. Par l'occupation des esprits
et des bras, l'ardeur des controverses politiques
se tempère ou s'amortit ; par le salaire et les

(1) E. Pelletan, *Le monde marche*, p. 125.

produits à bon marché, par l'épargne et le contentement du cœur, — le travail sert de puissant dérivatif, souvent même de ressource pleinement efficace. Un décret d'affranchissement des esclaves pur et simple, absolu, sans le contre-poids du travail, n'équivaudrait-il pas à l'inauguration de la guerre servile? — Et pour ce qui est du paupérisme, que peuvent contre lui les plus larges épanchements de la charité publique? Sans parler de la souscription française, honteusement mesquine, à l'occasion de la détresse de l'industrie cotonnière (1), — qu'a pu obtenir l'Angleterre, avec ses sacrifices inouïs? Naguère, les dons pour le Lancashire s'élevaient à 30 millions..... Qu'est-ce que cette énorme somme pour combattre une crise qui se prolonge des années et qui frappe le peuple, dans la proportion de un sur quatre, c'est-à-dire, quatre cent trente mille ouvriers, dans un rayon relativement peu étendu? Les aumônes les plus géné-

(1) Ceci était écrit au commencement de 1863.

reuses, les taxes les plus écrasantes ne tarde-
raient pas à s'épuiser : rien ne vaut un travail
régulier, constant, fût-il même quelque peu
réduit dans sa durée et dans son salaire. Cette
question du travail est capitale, elle est digne
des plus profondes méditations des hommes
d'Etat ; ils le sentent vivement à l'heure du péril ;
mais il faudrait y penser à tête reposée. Elle
n'a pas moins d'importance que la forme même
du gouvernement ; car, de l'un de ces faits, autant que de l'autre, peuvent dépendre la dignité
et le bonheur des peuples.

Mais il n'y a pas que les gouverneurs des
nations qui doivent s'intéresser à la question du
travail ; c'est aussi le devoir de tous ; nul au
moins n'est dispensé d'aimer le travail, de le
faire aimer et d'en donner lui-même un vaillant
exemple. Les fruits du travail, tournant à la
gloire de Dieu et au bien de l'humanité, — ne
doivent-ils pas être, pour cela, un motif puissant
et continuel ? En outre, quelle douce récompense pour quiconque n'a pas tué, dans son

âme, le souffle des aspirations généreuses, que de se dire : « Tes recherches, tes veilles, tes » fatigues ne seront pas stériles ; le sillon, ar- » rosé de tes sueurs, verra peut-être une mois- » son générale se lever et se reproduire de siècle » en siècle, jusqu'aux âges les plus lointains. » En travaillant, reportons la pensée sur nos sem- blables et sur le bien que nous pouvons leur faire. Notre œuvre, peut-être, malgré sa peti- tesse, contribuera à les éclairer, à les moraliser, à les délasser, ou à les nourrir, à les vêtir, à leur procurer quelque bien-être et quelque sou- lagement ; peut-être sera-t-elle de quelque in- fluence sur le progrès général ; peut-être de- viendra-t-elle, indirectement, l'occasion d'une œuvre plus considérable ou d'une série d'œu- vres, s'inspirant du même esprit et donnant naissance à d'incalculables bienfaits. Un gland, jeté en terre, produit un chêne, lequel, à son tour, en produira cent autres, qui produi- ront des forêts pour les besoins de l'Etat et les mille nécessités de la vie. Quelques pommes de terre, apportées d'Amérique, n'ont-elles pas été, plusieurs fois, le salut de l'Europe, pressée par la disette, et ne sont-elles pas, tous les jours encore, la plus féconde ressource du pauvre? N'est-ce point à l'humble école du Ban-de-la-Roche, présidée par la pieuse servante du pasteur Oberlin, que remonte l'inappréciable institution des salles d'asile? Quels immenses malheurs l'invention du paratonnerre, faite par Franklin en 1706, n'a-t-elle pas prévenus et ne préviendra-t-elle pas dans l'avenir! Et ainsi de toute découverte, de toute institution, de toute œuvre, qui peut devenir le patrimoine de l'humanité. De petites causes produisent quelquefois les plus grands effets. Courage donc! Et quand même il n'en serait point ainsi, notre travail aura toujours son utilité; fait avec conscience, il ne sera pas vain auprès de Dieu (1); et nous goûterons l'incomparable joie du devoir accompli.

(1) 1 Cor., XV, 58.

CHAPITRE II.

LES FRUITS DU TRAVAIL POUR LA PATRIE ET LA
FAMILLE.

« L'homme a pour mission de travailler
» pour lui, pour les siens, pour les autres »
(Brierre de Boismont.)

I.

Devançant son époque de quatre siècles, Socrate s'écria un jour dans un sublime élan : « *Je
suis citoyen du monde.* » Malgré les nombreuses
barrières qui parquaient les peuples anciens en
troupes d'ennemis, — ce grand homme embrassant le genre humain dans une profonde vue
d'ensemble, pressentit la loi de solidarité qui
unit tous les hommes, et se proclama membre
d'un corps que Jésus-Christ seul devait affirmer
avec force et reconstituer, — en se mettant à

sa tête et en le régénérant. Nous tous aussi nous sommes citoyens du monde ; et cette foi, nous l'avons vu, est un des plus salutaires aiguillons du travail.

Cependant il n'est pas donné à toutes les œuvres de revêtir un caractère universel. Qu'importe ? Si l'on ne travaille pas pour l'humanité, on travaillera du moins pour la patrie, pour la famille : le champ est encore assez vaste et la couronne à recueillir assez belle.

La patrie !..... Quelle magique influence ce mot n'exerce-t-il pas sur les cœurs ! En plein champ de bataille, à la tribune, dans l'exil, au loin et auprès, comme il les remue, les attendrit ou les électrise ! « A tous les cœurs bien nés que la patrie est chère ! » On comprend la réponse de Bézenval, colonel des Suisses, à la reine Marie-Antoinette, qui réclamait sans cesse le ranz des vaches : *Si je déférais aux désirs de* » *Sa Majesté, il ne resterait bientôt plus un seul* » *garde à son service.* » Cet air des montagnes, évoquant les souvenirs du pays natal, inspirait

aux Suisses une mélancolie qui les faisait tous
déserter.

En dehors de l'attachement instinctif que nous
portons à la patrie, par la seule raison qu'elle
est la patrie, nous avons à l'aimer pour ses
inestimables bienfaits : c'est elle qui veille sur
notre frêle berceau, qui préserve de l'outrage,
sous la pierre du sépulcre, nos derniers restes,
et qui, de l'un à l'autre bout de la vie, nous
continue sa précieuse tutelle. Par le moyen d'un
savant réseau d'institutions, elle garantit à chacun l'usage de ses droits et met à l'abri, sous
son immense égide, la vie, les biens, la liberté, l'industrie, les relations, tout ce qu'on a
de cher en ce monde ; elle nous procure en un
mot des ressources que, sans elle, nous n'au-
rions pas, et dont pourtant nous ne saurions
nous passer. De la rupture des liens sociaux ré-
sulterait une catastrophe épouvantable : ce serait le retour de la barbarie et de ses horreurs.

Aussi la double devise de la patrie et des citoyens devrait-elle être : « *Tous pour chacun et*

» *chacun pour tous*, » — c'est-à-dire la patrie
avec ses trésors de sollicitude, de tendresse et
de puissance pour chacun, même pour le dernier de ses enfants ; — et, d'un autre côté,
chacun pour la patrie, pour sa grandeur morale.
et matérielle. Participation à tout ce qui intéresse le lustre et la richesse de la patrie, sacrifices de temps et d'argent, associations, écrits,
démarches, activité, calculs, zèle administratif
en vue du bien commun, expérimentation des
découvertes nouvelles, meilleure éducation pro-
fessionnelle et agricole, application de la chimie
aux substances nutritives, encouragements pro-
digués au patriotisme, sous quelque forme qu'il
se manifeste, et ne serait-ce que par la sérieuse
et persévérante pratique de l'obscure tâche quotidienne, — il ne faut rien négliger, rien épargner de ce qu'on croit pouvoir augmenter la
gloire et la prospérité de la patrie. Comme de la
réunion des plus minces ruisseaux proviennent
des rivières, et de la réunion des rivières des
fleuves, — ainsi, de la réunion des efforts in-

dividuels, proviennent des œuvres générales, des œuvres de transformations impossibles à un seul et faciles à tous. Que faut-il pour que le sol de la patrie se couvre d'une luxuriante végétation et décuple ses récoltes? Que chacun cultive avec soin son petit champ. — Que faut-il pour déjouer une coalition étrangère, maintenir l'honneur du drapeau au sein des mers et dans les capitales les plus éloignées? Que faut-il pour reconquérir l'indépendance nationale? Que fallut-il à la France de 1792, à l'Italie de nos jours? et que faut-il actuellement encore à cette magnanime Pologne, qui fait l'admiration du monde et qui sera l'éternel modèle des nations avides de liberté? Que chacun paie généreusement le tribut du sang et de l'or; que chacun s'immole comme une victime nécessaire sur l'autel de la patrie bien-aimée. — Que faudrait-il, à l'heure même, sinon pour conjurer, du moins pour amortir la crise cotonnière, si funeste à tant d'industriels et d'ouvriers? Peut-être seulement, que chacun achetât les tissus fabriqués, dont l'encombrement fait obstacle à une fabrication nouvelle ; car, si le défaut de production provoque la famine, l'excès de production engendre souvent le malaise et la misère ; c'est la continuité du travail et non la surabondance de la denrée qui sert de base à une marche normale et prospère. — Partout et toujours, c'est de la manière d'être de la pluralité, que dépend la grandeur ou la décadence nationale.

Pourquoi les nations asiatiques ou africaines, la Turquie, la Chine, la Perse, le Japon, la Guinée, le Congo, etc., — ne comptent-elles pas parmi les nations civilisées ? En grande partie, parce qu'elles vivent d'inaction (1). Et, sans aller si loin, pourquoi l'Espagne (2) et l'Italie, autre-

(1) Pourquoi encore les Indiens offrent-ils le spectacle d'une affreuse décrépitude ? Parce qu'ils font du repos l'état parfait, donnant au souverain Etre le surnom d'*Immobile*, et favorisant le plus possible la paresse, — comme cela ressort de la doctrine de leur législateur Foë (Montesquieu, liv. XIV, chap. V). La maxime de l'Indostan est « qu'il » vaut mieux s'asseoir que marcher, dormir que veiller et mourir que » vivre. »

(2) « L'Espagne, au dix-septième siècle, est la maîtresse de la plus » belle partie du monde ; elle a en Europe le royaume de Naples et le » duché de Milan, la Sardaigne, la Sicile et les Flandres ; une côte im-

fois reines du monde, sont-elles depuis longtemps déchues, se traînent-elles misérablement
à la remorque des autres nations, et végètent-elles

» mense en Afrique ; des royaumes en Asie, avec tout le rivage de
» l'Océan des Indes ; en Amérique, le Mexique, le Pérou, le Brésil, le
» Paraguay, le Yucatan, la Nouvelle-Espagne ; sur la mer, des îles
» innombrables ; parmi lesquelles les Baléares, les Açores, les Canaries,
» les Philippines, Madère, Cuba, Porto-Rico, Saint-Domingue. Elle a
» tiré d'Amérique plus d'or qu'il n'en faudrait pour régénérer l'Eu-
» rope. Mais voyons le fond des choses : une paresse morne et superbe
» stérilise ce beau pays. Elle renonce au travail, considéré comme œu-
» vre servile. Son idéal est la vie oisive du seigneur et du prêtre ; l'in-
» dustrie est méprisée, l'agriculture anéantie par la double main morte
» du clergé et de la grandesse. Le pauvre mendie fièrement ; le ri-
» che vit, à la mode arabe, d'un trésor qui croupit dans un coffre ou
» dans un silo. Au rude labeur de la charrue, les paysans préfèrent la
» fainéantise pastorale. Le chevrier ne déroge pas en gardant son trou-
» peau : immobile, drapé dans sa loque, il est l'hidalgo de la Sierra,
» le gentilhomme de la solitude. C'est pourquoi la vaine pâture envahit
» et dessèche la campagne. On se croirait en Chaldée, aux temps des
» patriarches » (P. de Saint-Victor).

Examinons les fruits de cette paresse espagnole :

« Trois cents villages en ruine dans les deux Castilles, mille dans le
» royaume de Cordoue. A l'agriculture des Maures, si admirable par ses
» irrigations, succède une désolante sécheresse qui pèse encore sur
» cette belle contrée. Un proverbe dit : « L'alouette ne traverse les Cas-
» tilles qu'en portant son grain. » Les couvents, multipliés par milliers,
» étendent sur le royaume la stérilité mystique de la Thébaïde ; les moi-
» nes deviennent littéralement les Pères du désert. L'Espagne périt,
» faute d'Espagnols..... Voilà ce que la paresse avait fait de l'un des plus
» beaux pays du monde, de celui qui avait eu à sa disposition presque
» tout l'or du globe » (Bouchardat, p. 94).

à l'écart dans le despotisme ou l'anarchie? Parmi les diverses causes de cette immense chute, l'une des plus réellement actives est l'indolence provenant des habitudes morales plus encore que du climat, — indolence déplorable, germe mortel qui semble être devenu la maladie endémique de ces beaux pays, où la population laborieuse ne se recrute guère plus que parmi les étrangers.

D'un autre côté, au contraire, d'où viennent, en dépit des circonstances les plus défavorables, la vie de la Hollande et son étonnante prospérité, et ses champs magnifiques, et ses verdoyantes prairies, et ses cités splendides, et ses riches possessions lointaines (1), et son commerce avec le monde entier, et sa fière indépendance? De ce que, après avoir conquis sur la mer, au moyen de fortes digues, le sol même sur lequel elle est fondée, — elle a porté partout et appliqué à tout son esprit industrieux, ses habitudes laborieuses, son travail opiniâtre et

(1) L'île de Java, la première colonie du monde.

son indomptable volonté. — D'où viennent égal
lement la grandeur des Etats-Unis, et leur prodigieuse richesse, et leurs entreprises colossales,
leur extension si rapide et si continuellement
progressive, qui font la surprise et l'admiration
de l'univers? Du travail, toujours du travail, de
ce que le peuple américain est éminemment un
peuple de travailleurs, un peuple pratique, résolu, persévérant.

On pourrait justement dire du travail, mieux
encore que de l'argent, qu'il est le nerf de la
guerre et aussi de l'agriculture, du commerce,
de l'industrie, de tout ce qui constitue la force
et la vie d'une nation. Or, chacun appartenant
à son pays natal, lui doit le tribut de ses lumières et de son énergie. Loin d'être un droit, la
paresse est une trahison envers la patrie; l'amour
de la patrie défend l'oisiveté; l'amour de la patrie, qui enflamme les bons citoyens, leur fait
une sainte obligation de travailler, pour elle,
autant qu'il est en eux.

Ce n'est point à dire que nous érigions le pa-

triotisme en une sorte de Moloch, auquel il
faille aveuglément et systématiquement tout sacrifier. La justice et la vérité passent avant le
fanatisme de la patrie. Au fond, les patries
terrestres ne sont que des divisions factices et
provisoires, dominées par les principes de la
conscience. Les barrières, qui actuellement les
séparent, s'écrouleront un jour; et alors toutes
les nations, unies dans un saint embrassement,
ne formeront qu'une seule nation, tous les hommes qu'un seul peuple, — comme il n'y a qu'une
loi, qu'un droit, qu'un Dieu, qu'un ciel. La philosophie, qui élargit le cœur et universalise l'a-
mour, embrasse, dans son vaste regard et son
généreux élan, l'ensemble des patries terrestres, et, comme Socrate, ne veut d'autre patrie
que le monde, d'autres concitoyens que ses habitants. — Toutefois, sous peine d'échouer par
excès d'impatience, il faut tenir compte de la
faiblesse inhérente à la nature humaine, des
instincts secrets, des préjugés du berceau, des
vieilles coutumes, en un mot de la nécessité de

gravir lentement, pour les gravir sûrement, les échelons successifs du progrès. Courir trop vite au but, monter trop directement vers le soleil, c'est vouloir renouveler la chute d'Icare. Voilà pourquoi, malgré les plus sains principes philosophiques, — la patrie, dans les conditions présentes, n'est pas, et, de longtemps encore, ne sera pas un vain mot. Elle est, pour ainsi dire, une première enceinte de l'humanité, une humanité condensée, un petit monde, où nous puisons la séve de tous nos développements, — où nous profitons des labeurs d'un grand nombre, en même temps que nous l'enrichissons des fruits de nos travaux ; — sans compter que ces fruits, par le contact des nations entre elles, peuvent dépasser la ligne des douanes, grossir le trésor universel, et nous rendre à la fois les tributaires et les bienfaiteurs de l'humanité. La conscience et le cœur, les traditions et la lente marche des choses, — tout se concerte pour allumer en nous le feu sacré du travail, pour nous faire palpiter au seul nom de patrie, et nous disposer à verser généreusement dans son sein les ressources de notre double activité. Corps et âme nous nous devons à la patrie, à laquelle nous sommes redevables, nous-mêmes, et de la vie matérielle et de la vie de l'esprit.

II.

Plus nous avançons, plus le cercle se resserre : Dieu, humanité, patrie, — tout autant de pressantes sollicitations à notre activité. *La famille* vient après; et comme la patrie est un raccourci de l'humanité, la famille est une miniature de la patrie.

En ouvrant les yeux à la lumière et jusqu'à notre dernière heure, nous trouvons dans la famille : constante tutelle, sollicitude dévouée, vive tendresse, encouragements et consolations. Le famille est comme une doublure de nous-mêmes, faisant écho à nos joies et à nos douleurs, — une verdoyante oasis au désert, la première des bénédictions du ciel. Combien ils sont dignes de compassion, ceux que la Providence en a déshérités ! les plus suaves parfums de la terre leur échappent. Ils sont dans la vie, comme le pilote sans boussole, la nuit sans étoile, le lierre sans tuteur, le rossignol sans printemps. Mais aussi, quelle ne doit pas être la reconnaissance du privilégié qui naît et grandit dans la douce chaleur du foyer domestique, et qui, plus tard, devenu chef de famille, voit se multiplier, autour de son propre foyer, des êtres chéris, dont il a la garde et la responsabilité ! Quelle responsabilité ! Jeunes, ils font son bonheur ; dans la force de l'âge, ils peuvent devenir sa gloire ou sa honte, une peste sociale ou l'illustration de leur siècle. Et ce qu'ils seront un jour ne dépend pas uniquement de leur nature : les natures les plus rebelles peuvent se transformer ; et, quelquefois, celles dont on attend le moins, sont celles qui produisent le plus. C'est qu'il faut compter pour beaucoup : — la direction de la vie, l'éducation, les principes, les habitudes. Tout cela exerce sur les jeunes âmes une si profonde influence que, littéralement, il en peut résulter comme une seconde nature : ainsi, la greffe convertit un sauvageon, en arbre fruitier d'excellente espèce. La nature et l'éducation sont les deux facteurs de la vie. Chacun naît avec son caractère ; mais, ce caractère, l'éducation peut, de fond en comble, le modifier.

C'est là le soin capital qui incombe aux pères et aux mères de famille.

Après avoir donné la vie à leurs enfants, ils leur doivent, qui en douterait, tout ce qui l'entretient et la développe. Si Dieu les a largement pourvus des biens de la terre, — ils ont à travailler pour les leur conserver ou les leur agrandir. S'ils sont moins privilégiés, c'est par le travail qu'il faut suppléer à la gêne, répondre aux premiers besoins de leurs enfants, couvrir leur corps, apaiser leur faim, pourvoir à leur instruction. Les secours éventuels de l'aumône ne doivent être que la ressource extrême d'une position réduite aux abois. La mendicité, par-

faitement légitime et honorable dans le besoin,
— se transforme en flétrissure, quand elle ne
provient que de la répugnance au travail. Un
père de famille qui se respecte, s'ingéniera
de toute manière, avant de tendre une main,
faite pour agir et donner, plutôt que pour recevoir. « Il y a plus de bonheur à donner en effet
» qu'à recevoir. » Qui dira les ineffables joies du
père quand, au bout d'une rude journée, il contemple, autour de la modeste table, ces êtres
si chers, dont la pensée le soutient dans ses
travaux! Humble fête, assaisonnée d'amour!
N'est-il pas plus heureux de leur procurer par
ses bras le strict nécessaire, que de les faire
festoyer avec une abondance qu'il tiendrait des
autres et non de lui? Son cœur est plus satisfait
et sa dignité morale y gagne énormément (1).
Mendier ce qu'on peut gagner soi-même, c'est
se résoudre à l'abjection, c'est manquer aux

(1) « On ne saurait diminuer la dignité humaine sans diminuer du
» coup toutes les vertus de l'homme » (Sainte-Beuve).

7

vrais pauvres dont on usurpe l'aliment naturel ,
à sa propre dignité que l'on expose à mille af-
fronts, et à ses enfants, auxquels on doit, non
pas un pain d'humiliation, mais un pain trempé
de sueurs , — auxquels on doit surtout le noble exemple d'une vie indépendante autant
qu'active et dévouée.

Ce dernier motif, que le riche et le pauvre
le pèsent attentivement. Que serait-ce que de
donner la vie à des êtres auxquels on ne donnerait pas, en même temps , ce qui la rend
supportable, heureuse et honorée?

Si l'on veut que, de bonne heure , l'enfant
contracte la salutaire habitude du travail , pour
qu'il devienne à son tour un bon père de famille, élevant ses enfants dans les principes
d'une saine éducation ; — si l'on tient à le pré-
server du dégoût, du pédantisme, de la frivo-
lité, des passions, du scandale, de la honte
d'être à charge aux autres et à lui-même , —
on doit, par-dessus tout, redouter l'oisiveté, et,
bon gré mal gré , tant qu'on dispose souverai-

nement de lui, le plier à un travail sérieux et régulier. Une des lois de Solon « *dispensait un*
» *fils de nourrir un père qui ne lui avait pas*
» *appris de métier dans sa jeunesse;* » et le Targum des Juifs déclare que, « *ne pas donner*
» *un métier à ses enfants, c'est leur apprendre*
» *le métier de voleurs;* » pire que cela : c'est leur ouvrir la porte de tous les vices.

Le rang et la fortune, loin de rendre le travail inutile, en font une nouvelle obligation.
« *Noblesse oblige.* » Pour occuper dignement une haute position sociale, de fortes études sont nécessaires. Que penserait-on d'un roi qui se croirait dispensé, par droit de naissance, de l'instruction imposée au commun de ses sujets? Précisément parce qu'il est roi, ne doit-il pas savoir plus que ceux qu'il gouverne, et régner sur eux beaucoup plus par sa supériorité intellectuelle et morale que par celle de ses titres dynastiques?

D'ailleurs, n'est-ce pas forfaire que de laisser dévorer par un mol égoïsme les plus belles années de la vie sans profit pour personne ? N'est-il pas honteux de ne se nourrir, de ne vivre que des travaux, et, pour ainsi dire, de la substance de ses semblables, — comme ces vampires anciens, dont toutes les fonctions consistaient à sucer le sang d'autrui? Ne ressemblent-ils pas à ces vampires, les hommes qui s'engraissent des sueurs du peuple sans se donner eux-mêmes aucun souci, aucune peine, — n'ayant pour lui qu'un haut dédain, — ne ressentant ni pitié ni sympathie pour son triste sort, — ne songeant qu'à leurs propres jouissances et ne comptant pour rien la foule, à part l'utilité qu'ils en retirent, comme si la foule, pétrie d'un limon inférieur au leur, n'était faite que pour les encenser ou les servir !

Que le père y pense bien : le bonheur de son enfant et le sien propre dépendent, en grande partie, de la manière dont se passera sa jeunesse. Qu'il exige de lui, à tout prix, des travaux solides pour le former à une profession libérale ou à un métier. Qu'il l'exige, sinon pour l'intérêt de la société, pour l'avenir de son enfant, pour l'honneur de sa famille, — du moins pour lui-même, pour son propre repos. Il est digne de remarque que les jeunes gens, élevés à l'école de l'oisiveté, — deviennent en général le supplice de leurs parents, — n'aspirent qu'à les coucher au plus tôt dans la tombe pour mieux jouir à leur aise, et leur font faire la poignante expérience que « *Dieu punit chacun par où il* » *a péché.* » Si, abusés par leur amour, ils pèchent par excès d'indulgence et laissent à leurs enfants toute liberté de rênes, — ils peuvent s'attendre à un cruel mais tardif repentir; la paresse, dans leur famille, n'engendrera que des fruits amers; et ils apprendront une fois de plus, à leurs dépens, que « *quiconque sème le* » *vent n'a plus que la tempête à moissonner.* »

Seulement, il est essentiel de se souvenir que, pour accoutumer les enfants au travail, les conseils, les injonctions même ne suffisent pas, et qu'il faut, avant tout, leur prêcher d'exemple.

Il n'y a rien au monde de plus puissant que
l'exemple : il l'est plus que la logique, plus
que la force matérielle, plus que l'or. Un précepte peut ne pas saisir avec énergie, ne pas
entraîner la volonté ; un précepte est, plus ou
moins, une abstraction qui ne subjugue pas
toujours de vive force ; il risque d'être oublié,
discuté ; celui qui le reçoit peut soupçonner la
sincérité, le jugement de ceux qui le donnent,
autant que l'efficacité de sa mise en pratique.
Mais il en est tout autrement de l'exemple.
Quand la vie parle, quand le précepte prend
corps dans la pratique, il est bien rare que toute
résistance ne tombe. Ce phénomène s'explique
suffisamment par l'instinct d'imitation implanté
au plus profond du cœur humain : l'enfant imite
le jeune homme ; celui-ci, l'homme fait ; et
l'homme fait lui-même se propose souvent pour
modèle tel individu son concitoyen, son voisin, tel grand personnage auquel il aspire à
ressembler. Que de cœurs n'ont pas enthou-
siasmés les bons ou les mauvais exemples, sur-

tout quand ils viennent de personnalités marquantes ! Un moine italien (1), prêchant à la chapelle des Tuileries, s'écriait un jour : « *Sire,* » *il en est des empires comme des poissons ; ils* » *pourrissent par la tête;* » mot d'un goût équivoque, mais original et audacieux, et qui exprime vivement l'énergie de l'exemple des rois, de l'exemple partant de haut.

Qu'on se représente, d'après cela, l'influence de l'exemple dans la famille. Qui, l'enfant, bien sûr, imitera-t-il, et, au fait, devra-t-il imiter ? Evidemment ceux qu'il a toujours sous les yeux, qu'il vénère, qu'il aime, ses maîtres en définitive, ses chefs naturels. Si le colonel se contente d'exhorter ses soldats à marcher en avant et qu'il demeure, lui, prudemment en arrière, — selon toute probabilité, il y aura peu d'élan dans la colonne, pour ne pas dire du tout ; mais si, bravant balles et boulets, il se précipite sur la brèche et y arbore le drapeau du régiment,

(1) Le Père Ventura.

— il électrisera sa troupe par son exemple héroïque, infiniment mieux que ne l'auraient fait cent allocutions belliqueuses. Dans la famille, il en est de même : ce que le chef fait de bien ou de mal, — il faut s'attendre à le voir imité par les enfants. Les plus belles, les plus sages recommandations d'étude et de travail seraient vaines, si la vie de celui qui les fait était en désaccord avec elles, si la pratique n'en démontrait pas la sincérité et l'efficacité. C'est en voyant son père laborieux, appliqué, persévérant que l'enfant s'efforcera à le devenir ; au contraire, des habitudes d'indolence ne manqueraient pas d'inspirer aux enfants les mêmes goûts.

En s'entendant recommander le travail par un père paresseux, de deux choses l'une, dira l'enfant : ou mon père est sincère, mais alors pourquoi ne travaille-t-il pas lui-même ? ou il ne l'est pas, mais alors pourquoi, moi, travaillerai-je ? — Raisonnement logique et qui ne laisserait d'autre alternative à ce pauvre père de famille qu'à se taire honteusement, ou à changer son genre de vie pour donner un autre exemple. — Parler à ses enfants par sa vie en même temps que par ses exhortations, telle est la seule conduite loyale, prudente et sûre à tenir au sein de sa famille. — Les parents ne manquent donc pas de motifs pour s'imposer de bonne grâce des habitudes laborieuses. S'ils veulent conserver intacte leur autorité, jouir du privilége de former leurs enfants aux bons principes, présider à leur direction morale, pourvoir à leur subsistance, au maintien ou à l'accroissement de leur position, — s'entourer enfin de rejetons qui soient l'honneur et la joie de leurs vieux jours, — ils doivent s'assujettir volontairement à un travail quelconque, mais à un travail sérieux et assidu. Ils ne manqueront pas d'en être récompensés par les fruits moraux et matériels qui rejailliront sur leur famille ; car, en général et presque dans toutes les classes, les enfants portent la première empreinte du foyer et ne sont que ce qu'on les a faits.

« *Tel père, tel fils,* » dit un proverbe, un peu absolu pourtant. Mais il est certain que, sans mettre même en ligne de compte les nombreux résultats du travail pour la famille, — n'y eût-il que l'immense avantage de façonner un enfant aux goûts du labeur, il serait plus que suffisant pour aiguillonner la conscience des pères et des mères.

Quelle puissante influence ce seul fruit du travail ne doit-il pas exercer sur ceux à qui est confié le dépôt des générations futures ! S'ils ne comprennent pas leur sainte tâche, qu'ils sont aveugles ! et s'ils la comprennent, qu'ils sont coupables de la négliger !

CHAPITRE III.

LES FRUITS DU TRAVAIL POUR L'INDIVIDU.

> « Travailler, c'est savoir jouir ;
> » L'oisiveté pèse et tourmente ;
> » L'âme est un feu qu'il faut nourrir
> » Et qui s'éteint, s'il ne s'augmente. »
>
> (VOLTAIRE.)

I. Les fruits matériels du travail. — II. Les fruits intellectuels du travail. — III. Les fruits moraux du travail.

I.

LES FRUITS MATÉRIELS DU TRAVAIL.

> « Le travail qui lui gagne son pain gagne
> » aussi au pauvre l'appétit pour le manger,
> » et la facilité pour le digérer, et le som-
> » meil pour se reposer après la lassitude,
> » et la santé pour continuer son travail. »
>
> (DUMOULIN, p. 92.)

Nous voici arrivés, de proche en proche, à la question des fruits du travail par rapport *à l'individu*. L'immense sphère d'action s'est peu à peu rétrécie jusqu'à son point central. Mais le sujet, pour cela, n'en est pas réduit ; car s'il est certainement plus beau de travailler en vue de l'universelle influence du travail, — il est cependant très-heureux de pouvoir rattacher au travail, par la considération inférieure de l'intérêt individuel, les égoïstes si nombreux, étrangers à toutes les considérations de Dieu, d'humanité, de patrie, de famille. A ceux-là, nous dirons : Si rien ne peut vous faire surmonter votre répugnance naturelle au travail, — obéissez au moins à la plus élémentaire sagesse qui vous commande le travail pour vous-même, pour votre intérêt le plus direct, — comme une des premières conditions de votre vie matérielle, de votre vie intellectuelle, de votre vie morale.

Comment méconnaître les *avantages matériels* du travail pour soi-même? Voyez : que la main de l'homme est habile ! et combien de prodiges n'en sortent pas, depuis les infiniment petits d'une admirable délicatesse jusqu'à ces féeriques palais modernes, jusqu'à ces vaisseaux-montagnes, jusqu'à ces gigantesques machines, plus semblables à d'énormes monstres qu'à un pro-

duit de la main de l'homme ! Terre, métaux,
roches, bois, feuilles, fleurs, fruits, racines
même, animaux de tout genre, leurs dépouil-
les, leurs défenses, leurs os et toutes les parties qui les composent, — tout, même l'air
qu'on respire et l'eau qu'on boit, même ce qui
paraît le plus insignifiant, le plus vil, — tout
absolument devient matière à industrie et sert à
la confection d'objets qui accroissent le bien-
être ou enchantent les sens. Il n'est rien que
le travail n'utilise ; sous ses doigts de fée, le sol
le plus aride se pare de verdure et se couvre de
moissons, — les corps les plus durs et les plus
opaques reçoivent la souplesse et la diaphanéité
d'un voile ; et ce qu'on estimait être un rebut
s'élève au premier rang des choses nécessaires.

Ces transformations, qui font la richesse du
monde, — l'individu qui en est l'instrument
n'y gagnerait-il rien ? Le travail social passe-
rait-il entre ses mains sans y laisser quelque
épi ? Quelque épi !..... Ce sont des gerbes entières, c'est toute une récolte que le travail rap-

porte à l'individu : le travail est, pour lui, une vraie corne d'abondance. Il est rare que, fait avec méthode, sans abus, s'inspirant de sains mobiles, il ne conduise d'une manière assurée à l'aisance, à la fortune, à la considération, à l'honneur, — comme le prophétisent, en sens inverse, ces deux proverbes : « *Gens paresseux, jamais riches ;* » — « *qui aime labeur, parvient à honneur.* » L'expérience journalière ne montre-t-elle pas de simples travailleurs qui, par leur seul mérite, sont graduellement parvenus jusqu'aux plus hauts sommets de la richesse ou du pouvoir ? Le seul mot de *parvenu*, ce moderne substantif imaginé pour caractériser une situation nouvelle, n'indique-t-il pas l'utilité du travail pour passer de l'indigence au nécessaire, du nécessaire au superflu, de l'ombre à la célébrité ? Il est dans l'ordre qu'un travail normal, accompagné d'habitudes rangées, procure dans l'âge mûr une large aisance relative, dans la vieillesse des revenus et du repos, et, ce qui vaut mieux encore, la considération publique.

Les faits, du reste, parlent hautement : « Je
» vous le demande, depuis le jour où l'homme
» vint pieds nus et sans armes, chercher sur
» la terre hérissée de ronces, le mystère de ses
» destinées, n'a-t-il pas multiplié à l'infini ses
» moyens d'existence ? Au jour de sa venue, il
» était errant à la poursuite de son repas, et le
» voici rassuré sur sa nourriture ; il était le ver
» de terre frissonnant dans sa nudité, et le voici
» vêtu ; il était battu du vent, et le voici abrité ;
» il était engourdi au souffle de l'hiver, et le
» voici réchauffé ; il était plongé dans l'ombre
» au coucher du soleil, et le voici éclairé ;
» il était désarmé contre le péril, et le voici
» armé ; il était perdu dans le temps comme
» dans un chaos, cherchant l'heure sur le sol
» comme l'aveugle cherche du pied son che-
» min, le voici astronome, reportant au compas
» le pas de l'astre sur le cadran et mettant sa
» vie en cadence au battement du balancier » (1).

(1) E. Pelletan, *Le monde marche*, p. 95.

De nos jours, n'est-ce pas le travail qui donne à certaines villes une prospérité qui tient du prodige, qui double leurs habitants et porte à des chiffres fabuleux la richesse publique ? Pour n'en citer que quelques-unes, Marseille, Mulhouse, Mazamet, Roubaix, que ne doivent-elles pas au travail ? — N'est-ce pas le travail qui remplit nos palais d'expositions universelles, nos innombrables ateliers, nos dépôts de toute nature, nos magasins, nos maisons, nos greniers, nos celliers, — de tous les biens, de toutes les merveilles de l'agriculture et de l'industrie ? N'est-ce pas le travail qui, sans cesse, fait surgir du fond des masses, une nuée de gens qui atteignent fortune ou gloire et qui, sans lui, auraient, comme tant d'autres, traîné leur misérable existence dans les ténèbres et dans les horreurs du besoin ? N'est-ce pas le cas d'une foule d'artistes, d'ouvriers du ciseau, du compas, de la lime et de l'équerre ? nobles cœurs, vaillantes mains, qui ne doivent qu'à eux-mêmes leur pain et leur élévation. « *De grand la-*

beur vient assurance, » disaient nos pères, pour exprimer la solide base que le travail donne à la vie. C'est qu'en effet, tandis que la paresse rend tout difficile, et n'offre à tout qu'un fondement vermoulu, — le travail au contraire est un point de départ, un appui aussi sûr qu'honorable, diminue les chances funestes, rend aisé l'accomplissement des entreprises et productifs leurs résultats. — Pour être heureux, on n'a besoin ni de trouver un trésor, ni de recevoir un héritage, ni d'occuper un trône : le travail est le père du bonheur; car, à ceux qui s'occupent, Dieu donne d'ineffables satisfactions, à commencer par les satisfactions matérielles. « *La* » *faim peut regarder la porte du travailleur, mais* » *elle n'en franchit pas le seuil* » (1).

____

(1) Un gentilhomme anglais, possesseur d'une terre qui lui donnait 1000 livres par an, en vendit la moitié pour payer ses dettes et afferma l'autre moitié 500 livres. Son fermier lui proposant un jour de lui acheter sa terre, le gentilhomme étonné lui dit : « Comment avez-vous donc » fait? J'avais le double de terrain et point de rentes à payer, et j'ai fait » des dettes; vous, au contraire, vous m'avez régulièrement payé » 500 livres par an, et, au bout de quelques années, vous voulez ache-

Ici se présente l'objection de ceux que la fortune met à l'abri du besoin. De quelle utilité personnelle et matérielle peut leur être le travail ? — D'abord, il n'est pas de position, si haute et si forte soit-elle, qui se trouve garantie contre les catastrophes ; supposez une de ces immenses chutes, ainsi qu'on en voit aux époques d'ébranlement révolutionnaire ou même en temps calme, — que devenir sans diplômes, sans métier, sans aptitude au travail ? Il est vrai que ces cas sont rares et que chacun, réservant aux autres l'exception, se réserve, à lui, de plus heureuses destinées et se croit inébranlablement assis. Soit ; admettons l'illusion et l'exception, malgré de cruels et fréquents déboires, et bornons-nous strictement à ce qui est d'application générale. Si l'on n'est point poussé au travail

» ter ma ferme ! — C'est bien simple, répondit le fermier ; vous passez
» au lit une partie de la matinée ; et moi, dès l'aurore, je suis au tra-·
» vail. » — « *Une seule heure de retard, le matin, met en retard*
» *tous les travaux de la journée.* » — « *Une heure semble peu de*
» *chose, mais que ne peut-on pas faire dans une heure !* »

par la pression de la faim..... la *santé* doit y obliger toujours ; car, ce bien qui est pour ainsi dire la condition de tous les autres, ce bien si précieux de la santé, dépend de l'activité qu'on se donne et n'est qu'un fruit, un fruit matériel et personnel du travail. « Je ne travaille jamais, » disait un paresseux, parce que je suis tou- » jours malade ; » à quoi répartit aussitôt son docteur : « Tu serais infiniment plus près de la » vérité, si tu disais : Je suis toujours malade, » parce que je ne travaille jamais ; l'oisiveté, » mère de tous les vices, est aussi mère de » beaucoup de maladies ».

La science médicale a constaté qu'un adulte, à jeûn et au repos, consomme dans une heure 24 litres environ d'oxygène, tandis qu'un homme également à jeûn mais travaillant, consomme par heure 63 litres d'oxygène. On comprend qu'un exercice actif accélère le pouls et la respiration, fasse absorber une plus grande quantité d'oxygène et détermine une augmentation de chaleur. Le sang circule plus rapidement, se répand avec plus d'abondance aux extrémités, où l'excès de chaleur se trouve entraîné et dépensé, ce qui empêche son accumulation dans les organes intérieurs, profondément situés. De plus, le travail produit un appétit plus régulier, plus énergique ; et l'estomac, étant le centre de l'organisme, le corps entier s'en ressent salutairement. Enfin, il développe les muscles, il fortifie les membres, il aguerrit contre les intempéries, il endurcit contre la fatigue. On peut, par l'inégalité de force des parties droite et gauche du corps, — des membres qui travaillent et de ceux qui ne travaillent pas, — des ouvriers et des gens oisifs, — parfaitement apprécier toute l'influence de l'exercice corporel sur la santé (1).

Au fait, quelle est la partie de la population

(1) Voir l'admirable chapitre de Montesquieu sur *l'art de la guerre chez les Romains* : « Ils jugèrent qu'il fallait donner aux soldats de la » légion des armes offensives et défensives plus fortes et plus pesantes » que celles de quelqu'autre peuple que ce fût..... Pour qu'ils pussent » avoir des armes plus pesantes que celles des autres hommes, il fallait » qu'ils se rendissent plus qu'hommes; c'est ce qu'ils firent par un tra- » vail continuel qui augmentait leurs forces..... ils craignaient l'oisiveté » plus que les ennemis. »

la plus sujette aux maladies et aux infirmités?
N'est-ce pas la partie oisive, les citadins, les
femmes? Quels tempéraments énervés, jouets
de toutes les épidémies, de toutes les variations
de l'air, et peu résistants contre la fatigue ou le
mal! La différence est grande avec les ouvriers
des villes et des campagnes, robustes, bien
trempés, à l'abri d'une foule d'incommodités,
et, quand ils sont atteints, pleins de vitalité
pour surmonter le mal. Et que serait-ce encore,
s'ils pouvaient et savaient s'accorder des ali-
ments plus réparateurs, s'entourer des précau-
tions d'une sage hygiène, et s'exposer moins
témérairement aux folles imprudences!

Les docteurs sont unanimes sur ce point et
ne se lassent pas de signaler l'activité corporelle, comme un des moyens les plus simples
et les plus certains de la conservation ou du
rétablissement de la santé. L'un des plus éminents, M. Bouchardat, professeur d'hygiène à
la Faculté de médecine de Paris, vient de consacrer à ce sujet spécial un excellent petit vo-

lume rempli de faits (1). « *Je regarde*, dit-il, *le
» défaut d'exercice comme une des causes les
» plus puissantes des plus graves et des plus
» meurtrières maladies chroniques qui affligent
» l'humanité,* » p. 29. — Et ailleurs : « *Par un
» travail régulier et une réparation convenable,
» il se développe une harmonieuse activité de
» toutes les fonctions de la vie organique, d'où
» naît un bien-être général incontestable,* » p. 11.
— « *Plus la dépense est considérable, sans ce-
» pendant qu'il y ait effort pénible, plus il y a
» chance d'éloigner les maladies et la vieillesse
» prématurée,* p. 14. » — « *Quant au repos, le
» meilleur est la diversité du travail : exercer
» les forces de l'intelligence après celles du corps et
» celles du corps après celles de l'intelligence,* » id.
— « *Variez les travaux, les exercices et les plai-
» sirs, mais de l'oisiveté, jamais !* » id. — « *L'oi-
» siveté corporelle ressemble à la rouille, elle use
» beaucoup plus que le travail,* » id.

(1) *Le Travail*, son influence sur la santé. Paris, 1863.

M. Bouchardat ne veut pas même, comme l'adage vulgaire, que « *la vieillesse soit l'âge du repos.* » Encore alors, il réclame un travail régulier, — seulement un travail modéré et proportionné aux forces et aux ans.

Fruits d'aisance, fruits de santé, — les fruits matériels du travail, relativement à l'individu, nous paraissent assez clairs, assez positifs et assez précieux pour exciter l'envie de tous. Qu'est-ce que la vie, sans quelques biens? Et qu'est-ce que beaucoup de biens, sans la santé? Or, le travail donne à la fois l'un et l'autre.

II.

LES FRUITS INTELLECTUELS DU TRAVAIL.

« C'est par le travail qu'on règne. »
(Louis XIV.)

Le génie est un soleil qui projette au loin une éclatante lumière et entraîne après lui une multitude de satellites ; mais le génie est rare ;

il a ses éclipses, ses défaillances. Son jet est spontané, brillant; mais parfois il manque de suite et ne fait les choses qu'à demi. L'appui vigoureux et persévérant du travail lui est indispensable; le travail s'empare de l'œuvre primesautière du génie, la façonne, la complète, l'incarne dans un fait. Le travail supplée d'ailleurs au défaut de génie, dans bien des cas. L'application et la patience produisent des merveilles; et l'on ne peut mettre en doute que le travail, en élevant et en fortifiant les facultés, en les développant dans toutes les directions, et en les exerçant à toute chose, leur permet de rayonner de leur plus bel éclat et de porter des fruits enviables de puissance et d'empire moral.

Que l'on compare deux âmes : l'une tout enveloppée des langes de la nature, l'autre dégrossie par une éducation soignée, — quelle distance les sépare! Moins notable encore est la distance qui sépare le corps plein de souplesse et de grâce d'un baladin, de celui d'un sauvage

ou d'un rustre paysan. Le travail donne leur
plein essor à la réflexion, au jugement, à la
mémoire, au bon goût, à l'appréciation morale
des choses; il facilite à merveille la connaissance
des hommes, des arts et des sciences, des lois
de Dieu et du monde physique; il apprend à
discerner jusqu'aux plus imperceptibles phéno-
mènes du monde intérieur; il rend possible la
pratique de la fameuse maxime de Socrate :
« *Connais-toi toi-même.* » Il dégage lesesprits de
la lourdeur et des voiles dont ils sont parfois sur-
chargés; il les éveille, les ressuscite et en fait
jaillir les rayons d'une intelligence qui, au fond,
ne manque ni d'énergie, ni de vivacité. « *Tra-*
» *vaillez, prenez de la peine, c'est le fonds qui*
» *manque le moins;* » ce précepte s'applique à
l'esprit avec plus de raison encore qu'à la terre.
Que d'exemples de beaux succès couronnant
une longue persévérance! « *En forgeant, ne de-*
» *vient-on pas forgeron?* » Ne voit-on pas des
phénix de collége, qui s'annonçaient presque
comme des astres nouveaux, s'éteindre misé-

rablement après avoir épuisé leur propre séve,
comme s'éteint une lampe après avoir consommé
son huile ! Le travail seul pouvait féconder la
riche nature dont ils étaient doués ; mais cette
nature, ils ne l'ont pas fécondée, soutenue, dé-
veloppée par le travail ; aussi, avec une promptitude étonnante, sont-ils tombés au niveau
commun et ont-ils échangé contre la vie vulgaire, la vie supérieure à laquelle ils semblaient
prédestinés. A l'inverse de ces intelligences déchues, on rencontre des hommes qui partent
de bas et s'élèvent graduellement par le travail, — des cerveaux pesants, à la perception
laborieuse, à la mémoire rebelle, d'où ne s'é-
chappe aucun éclair révélant un être privilégié,
et qui cependant, grâce à de persévérants labeurs, aiguisent leurs facultés, acquièrent souplesse, pénétration, science, — montent très-
haut, et figurent plus tard parmi les hommes les
plus capables, les plus utiles, les plus grands
même de leur pays. Qui s'en serait douté? s'é-
crient les anciens condisciples ébahis. « *Labor*

improbus omnia vincit, » telle est toute l'explication du mystère. Sous une forme ingénieuse, l'apologue suivant exprime cette même pensée :

> Le soc d'une charrue, après un long repos,
> S'était couvert de rouille. Il voit passer son frère
>   Tout radieux, revenant des travaux :
> « Forgé du même bras, de semblable matière,
> » Lui dit-il, je suis terne, et toi poli, brillant !
> » Où as-tu pris cet éclat, mon frère ? — En travaillant. »

Le travail polit en effet et active toutes les facultés qui, sans cela, se terniraient et s'engourdiraient dans la rouille du repos. S'il fallait des faits pour l'établir, nous ne serions embarrassés que pour le choix; un seul suffira, que nous empruntons à l'histoire du célèbre poëte Racine : Placé dans un collége de Jésuites, son bonheur suprême était de lire les auteurs grecs, Euripide surtout, qu'il aimait passionnément. A deux reprises, ses rigides professeurs, surprenant entre ses mains le livre favori, le lui arrachent sans pitié. Racine, attristé mais non découragé, l'achète une troisième fois; et, au

bout de quelque temps, vient tout joyeux le re-
mettre lui-même à ses maîtres, en leur disant :
« *Vous pouvez brûler cet exemplaire encore, je*
» *n'en ai plus besoin.* » A force de le relire, le
jeune collégien l'avait appris par cœur ; par une
étude assidue, il avait accompli un prodige de
mémoire. Merveilleuse influence du travail qui
se retrouve partout ; les autres facultés, comme
la mémoire, reçoivent du travail une énergique
impulsion ; il les arrache à leur pénombre naturelle, il les éveille à la vie de l'esprit, il décuple leur puissance.

Indépendamment de ce beau fruit du travail
permettant à l'homme de s'épanouir dans la plénitude de son être intellectuel, — le travail devient un instrument d'ascendant moral et de
domination. Louis XIV ne se trompait pas, en
affirmant que « *c'est par le travail qu'on règne.* »
Ce roi, César avant lui, et après lui Napoléon,
tous trois grands dominateurs s'il en fut, étaient
tous trois doués d'une incroyable activité, et
descendaient souvent, Napoléon surtout, jus-

que dans les moindres détails des plus gigantesques entreprises. Ce n'est pas tant la force,
l'or, l'intrigue qui gouvernent le monde que la
supériorité de la culture, le prestige de l'intelligence, l'idée s'exprimant par l'opinion publique, qu'elle saisit invinciblement. « *La main
» du diligent dominera, mais la main pares-
» seuse sera tributaire* » (1). De deux hommes,
l'un riche, l'autre intelligent, — lequel pèse le
plus sur l'esprit public? lequel est le plus con-
sulté, le plus écouté, le plus apprécié? Dans
les conseils des peuples, dans les grandes ad-
ministrations, dans la littérature, dans les cercles, dans les salons, partout, qui l'emporte,
qui domine l'opinion, qui entraîne les volontés?
Somme toute, qui forme l'élite de l'humanité
et marche à sa tête? Ne sont-ce pas les penseurs, les écrivains, les savants, les poëtes,
les artistes, les industriels, — tous ces nobles
travailleurs, tous ces pionniers de la civilisa-

____

(1) Prov., XXIV.

tion qui devancent leur siècle et dont les générations suivantes emboîtent fidèlement le pas?
— A cette noble satisfaction de faire partie d'une
phalange d'élite, — doit être ajoutée celle non
moins importante de trouver dans le travail une
source des plus pures jouissances. N'y a-t-il pas
un légitime orgueil et une joie profonde à pouvoir se dire : « Ce n'est ni à d'heureuses ren-
» contres, ni à la naissance, ni à la faveur, ni
» à de souterraines manœuvres que tu dois ce
» que tu es. Après Dieu, tu ne le dois qu'à ton
» travail. Fils de tes œuvres, tu peux, sans
» scrupule et sans remords, manger le pain de
» l'indépendance, qui n'est dû qu'à tes sueurs. »
Et comme ces sueurs l'ont jusqu'ici largement
procuré, on compte encore sur elles pour l'avenir, en sorte qu'il en résulte, pour l'âme,
paix, sécurité, dignité; à l'abri de toute crainte
et de toute bassesse, on doit au travail, en sus
du pain, l'espérance et la fermeté morale. —
On lui doit même plus : on lui doit de pouvoir
marcher avec son temps, suivre les progrès di-

vers, s'élever au-dessus de la vie purement matérielle, comprendre et savourer les plus belles
œuvres. Par lui , on entre en communion avec
les premiers esprits du monde ; on connaît,
comme un confident, le secret de leurs pensées ; on pénètre au centre de leurs systèmes ;
on élargit son esprit, on étend ses vues ; on
devient capable d'admirer et de croire la vérité,
— de discerner et de rejeter l'erreur ; on se
tient au courant des inventions de tout genre ;
on s'initie à ce qu'il y a de grand et de beau
dans le monde ; on sait ce qui se passe dans le
reste de l'univers ; on échappe à l'ignorance,
aux superstitions , à la stupidité , à l'engoue-
ment, au sophisme , à la duperie ; on évite les
fausses démarches ; on ne se prononce qu'à bon
escient ; on se possède , on suit la ligne des
principes et de la sagesse , au lieu d'être à la
merci des hommes et des choses. Tandis que le
paresseux , l'ignorant s'enferme dans le cercle
ordinaire des préoccupations de chaque jour,
où il se rapetisse et s'étiole ; réduit au mini-

mum de la vie, il reste plongé dans les ténèbres, et, par cela seul, dans d'incessantes fluc-
tuations ; il est indécis entre vingt partis à
prendre, et, le plus souvent, victime des mal-
intentionnés, dénué des joies si vives de la
connaissance, étranger aux événements et aux
progrès de l'humanité, il passe au milieu des
hommes comme un aveugle qui ne s'intéresse à
rien, qui marche à tâtons et risque de chuter à
chaque pas (1). — Ce n'est pas tout : le travail
communique une joie plus grande encore, celle
qu'on retire de l'achèvement et de la contemplation de ses propres œuvres. Quand une idée
s'empare de vous ; quand on l'a longtemps ca-
ressée, approfondie, retournée dans tous les

(1) « Non-seulement l'ouvrier illettré ne peut sortir de sa condition,
» avancer dans son atelier, devenir chef-ouvrier, contre-maître ; mais il
» est hors d'état de calculer ses intérêts. Tout le monde peut le trom-
» per, son patron, ses camarades, ses fournisseurs. Il est comme un
» paria au milieu d'une civilisation inconnue et d'un courant d'idées qui
» ne descendent pas jusqu'à lui. Il n'est, pour ainsi dire, ni de son pays
» ni de son temps. Privé de toutes les joies intellectuelles, il se rejette,
» comme la brute, sur les plaisirs grossiers, qui achèvent de le dégra-
» der » (J. Simon, *l'Ouvrière*, p. xii).

sens, et, pour ainsi dire, couvée sous les chauds
élans de l'esprit et du cœur ; quand cette idée,
après de nombreux travaux préliminaires, commence à éclore, que son plan se déroule, que
ses virtualités internes se réalisent dans l'ordre
des faits, en un mot qu'elle s'incarne et vit, —
de quelle profonde et délirante joie n'est-elle
pas la source ! Qui dira la joie d'Archimède,
s'élançant du bain et parcourant, comme un
fou, les rues de Syracuse, en s'écriant : « *Je
l'ai trouvé !* » — la joie de Galilée découvrant le
mouvement de la terre ! — de Newton découvrant la loi des mondes ! — de Harvey découvrant la circulation du sang ! — de Jenner découvrant la vaccine ! — de Guy d'Arezzo découvrant la musique ! — de Flavius découvrant
la boussole ! — de Morse découvrant le télé-
graphe électrique ! — de Franklin découvrant le
paratonnerre ! — Et, sans nous restreindre à
ces œuvres hors ligne, auxquelles d'heureuses
circonstances ont autant de part que le travail,
— qui dira la joie du poëte, coulant, dans une

sublime strophe , sa brûlante inspiration ! — de
l'orateur préparant ses discours ! — de l'écrivain
confiant au papier ses plus chères pensées ! —
de l'avocat délivrant l'innocent ! — du médecin
soulageant le malade ! — de l'industriel , de
l'agriculteur , de l'ouvrier , de la ménagère , de
l'enfant accomplissant avec conscience la tâche
spéciale qui leur incombe ! Oh ! qu'ils le disent
tous ceux qui sont passés par là ; qui , après
avoir conçu un projet quelconque , l'ont pré-
paré , mûri , exécuté et courageusement conduit
à bonne fin , — y a-t-il une joie comparable à
cette joie ? Les travaux de l'ouvrier , les livres
de l'écrivain , les créations de l'horticulteur , les
tissus du négociant , — ne sont-ils pas comme
leurs enfants ? Et celui qui contemple son œuvre ne participe-t-il pas , en quelque sorte , au
bonheur de la mère contemplant et embrassant
avec effusion son nouveau-né ?

Soyons donc pénétrés de reconnaissance pour
le travail , qui développe , dans leur plénitude ,
les facultés humaines , — qui met entre les

mains le sceptre de la domination et devient le
principe des plus vives joies intellectuelles. Ses
fruits intellectuels, on peut le voir, ne le cèdent
en rien, bien loin de là, à ses fruits matériels.
Ses fruits moraux les dépassent tous et constituent son principal mérite.

III.

LES FRUITS MORAUX DU TRAVAIL.

> « Dieu a placé le travail comme sen-
> » tinelle de la vertu. »
>
> (LABRUYÈRE.)

Les fruits moraux du travail sont de deux
sortes : les *fruits négatifs* et les *fruits positifs*.

« *Vous trouverez fort peu de paresseux que*
» *l'oisiveté n'incommode* » (1). C'est que l'oisiveté révèle tout le vide, tout le néant de la vie,
révélation qui engendre le malaise, le mécon-

(1) Vauvenargue, *Réflexions et maximes*, p. 139.

tentement, la mélancolie; aussi finit-on par secouer sa paresse pour se débarrasser des troubles et de l'ennui qu'elle occasionne. « *L'oisi-* » *veté nous lasse plus promptement que le travail,* » *et c'est par elle que l'ennui est entré dans le* » *monde* » (1). L'ennui, — cette langueur, cette stagnation mortelle que produit dans l'homme l'absence de sensations agréables, est un accablant fardeau que traînent partout avec eux les gens oisifs.

Ce n'est pas là un mal de petite importance; il tourmente secrètement les âmes; il les dégoûte des plus douces joies, des plus nobles plaisirs, des distractions les plus fortes et les plus nouvelles, de tout, de la vie même. Et Chaming avait bien raison de dire que « nulle » fatigue ne pèse autant que l'oisiveté. » Cette fatigue se fait en particulier sentir au sein de l'opulence : De bonne heure on a vidé la coupe de la vie; on a tout vu, tout connu, tout senti;

(1) Labruyère.

on a couru le monde; on a épuisé tout ce qui
pouvait offrir des éléments de variété, et l'on ne
sait plus que tourner dans l'insipide cercle des
choses vulgaires et uniformes. Avec la satiété,
on est perdu; peu à peu, l'imagination se déco-
lore; le cœur se dessèche; l'organisme s'énerve;
le visage revêt un aspect de morne tristesse;
de sombres pensées agitent l'esprit; une sourde
fièvre se déclare; et la vie, n'étant plus qu'un
abîme, au fond duquel on ne voit briller aucune
espérance, on estime qu'elle ne mérite pas qu'on
s'attache à elle, et l'on est ainsi peu à peu conduit à s'en délivrer par le suicide. Le suicide.....
telle est la fréquente conséquence de l'ennui.

Lisez la petite littérature contemporaine, cette
littérature nauséabonde du roman que dévore,
avec tant d'avidité, la multitude : — que de sé-
nilités précoces! que de types de paresseux, de
viveurs qui, en quelques années, ont sondé tous
les fonds de l'existence et qui, tombés dans une
immense mélancolie, se donnent, grâce à la
plume de l'écrivain, une mort quasi-poétique!

Lisez les journaux quotidiens, où se traduisent en faits les pestilentielles instructions des romans : — que de malheureux qui, par le charbon, la corde, l'eau ou le fer, mettent brusquement fin à une vie devenue intolérable! Qu'on nous pardonne de rappeler ici l'éloquente diatribe de J.-J. Rousseau contre le suicide : « Le suicide, dit-il, est une mort furtive et hon-
» teuse; c'est un vol pour le genre humain; avant
» de le quitter, rends-lui ce qu'il a fait pour toi.
» — Mais je ne tiens à rien, je suis inutile au
» monde! — Philosophe d'un jour, ignores-tu
» que tu ne saurais faire un pas sur la terre
» sans y trouver un devoir à remplir, et que tout
» homme est utile à la société, par cela seul
» qu'il existe? Jeune insensé! S'il te reste au
» fond du cœur le moindre sentiment de vertu,
» viens, que je t'apprenne à aimer la vie; cha-
» que fois que tu seras tenté d'en sortir, dis en
» toi-même : que je fasse encore une bonne
» action avant que de mourir; puis, va cher-
» cher quelqu'indigent à secourir, quelqu'op-

» primé à consoler, quelqu'infortuné à défendre.
» Si cette considération te retient aujourd'hui,
» elle te retiendra demain, après-demain, toute
» ta vie; si elle ne te retient pas, meurs, tu
» n'es qu'un méchant. » Nul doute, en effet,
que si l'âme conserve un reste de sympathie
pour le bien et si elle l'applique au soulagement
des autres, — nul doute, si elle se captive à
un travail quelconque, ne fût-ce qu'à celui de
la charité, — qu'elle ne recouvre peu à peu sa
vitalité première, son amour de la vie, le sentiment du devoir et la claire conscience de sa
haute destinée. Plus on alimente l'activité de
l'âme, et plus croissent ses forces et ses aspirations supérieures :

> « Travailler, c'est savoir jouir ;
> » L'oisiveté pèse et tourmente.
> » L'âme est un feu qu'il faut nourrir
> » Et qui s'éteint, s'il ne s'augmente. » (VOLTAIRE.)

Mais le travail n'est pas seulement un préser-
vatif contre l'ennui, contre l'atonie de l'âme ;
il est de plus un dérivatif puissant contre les

impurs désirs, les défauts de caractère, les vices du cœur, les coupables habitudes de la vie. La paresse n'éteint pas l'âme, autant encore qu'elle la pervertit. Pas plus que nous ne croyons au repos absolu, nous ne croyons à la neutralité absolue d'une âme entre le bien et le mal; d'après Franklin, « *celui qui ne fait pas le bien est bien près du mal;* » on peut même dire que celui qui ne fait pas le bien, par cela seul fait le mal, d'un côté en ne faisant pas le bien qu'il pourrait faire, et, de l'autre, en ouvrant ses voiles aux vents déchaînés des tentations.

Quelle est, je ne dis pas la source unique, mais l'une des principales causes de ce fangeux courant de commérage, de satires, de calomnies, d'envies et de haines qui circule dans toutes les couches sociales et dont retentissent plus ou moins tous les manteaux de cheminée? Quelle est une des principales causes de l'impureté, du vol, de la dissipation, de l'orgueil, des querelles, des procès, de l'homicide et de toute la tourbe des passions criminelles? — Le plus sou-

vent, c'est l'absence de préoccupations élevées
et de travail absorbant. Quand une œuvre d'importance, quand des faits saillants attirent et
émeuvent les cœurs, ils ne s'abaissent pas à ces
mesquins déchirements, qui nuisent encore plus
à ceux qui les font qu'à ceux qui les subissent.
Croit-on que les germes naturels des passions,
que nous portons en naissant, ne se développent
pas avec beaucoup plus de rapidité dans une
âme oisive, tout entière à ses instincts, que
dans une âme captivée par des objets extérieurs,
des combinaisons, des obstacles à vaincre, un
but à poursuivre? Il en est des âmes comme
des champs : que ceux-ci soient en friche et
ils se couvrent aussitôt, dans toute leur surface, de ronces et d'herbes parasites; les ronces
de l'âme sont les passions qui fermentent et
prospèrent dans l'oisiveté, justement surnommée
« *la mère de tous les vices.* » « *Le travail*, dit
» Phocylide, *augmente la vertu* » (1).

(1) *Carm.*, vers. 144,

Dieu nous préserve du fléau des oisifs : ils ne sont pas seulement leurs propres bourreaux, ils sont en général des empoisonneurs publics. « *Je* » *n'ai pas trouvé, dans tout le règne animal,* » *disait Cuvier, une espèce, une classe, une fa-* » *mille, qui m'effrayât autant, que la nombreuse* » *famille des oisifs.* » L'homme qui, selon Pascal, « *n'est ni ange ni bête,* » peut, si par le travail et la prière, il ne tend à devenir un ange, descendre, par l'oisiveté, au rang de la brute la plus féroce. Tout est à craindre du paresseux : la plus légère étincelle peut allumer dans son âme un immense incendie et déchaîner avec fureur la lie de sa nature. Chez lui, pas d'empire sur les sens, pas de contre-poids, pas de dérivatif; il cède irrésistiblement à sa tempête intérieure, et il devient alors aussi terrible pour lui-même que pour les autres. Que l'on compte, dans la foule des malheureux qui peuplent les prisons et les bagnes, le nombre de ceux qu'y a précipités la paresse, — on sera stupéfait de la vérité de nos assertions. Le travail distrait l'âme et la purifie des grossiers instincts de l'animalité. L'ouvrier à son travail ne pense ni aux dissipations, ni à la licence, ni au jeu, ni aux complots ; le travail l'en détourne et amortit ses convoitises. « Pour les passions, a dit un » jour M. Thiers dans un discours fameux, il n'y » a pas de meilleur calmant que le travail ; » et M. Thiers s'entend au jeu des passions humaines.

Ce n'est pas tout : la mission du travail n'est pas uniquement *négative*, il ne se borne pas à réfréner les mauvais instincts, à étouffer les vices ; sa mission est plus belle encore : il moralise et sanctifie ; il restitue à l'âme sa vitalité spirituelle, sa pureté, son amour des principes, de l'idéal ; il enfante, en un mot, toute une série de fruits moraux *positifs* que nous allons rapidement énumérer :

Et d'abord, le travail élève à Dieu par la contemplation de ses œuvres. A mesure qu'on pénètre dans la science des lois de la nature, on est frappé de la sagesse et de la bonté du Créateur. Dans son discours à l'Académie de

Dijon, tout bardé de paradoxes, Rousseau a bien écrit : « *L'étude de l'univers devrait élever* » *l'homme à Dieu, je le sais ; mais elle n'élève* » *que la vanité humaine ;* » le fait est vrai pour quelques-uns, peut-être ; mais, à coup sûr, chez la plupart la science de la nature détermine le respect et l'admiration, sinon la reconnaissance et la foi. Nous ne sachions pas, par exemple, que ce soit par vanité que les Newton se découvrent chaque fois qu'ils entendent ou qu'ils prononcent le nom de Dieu.

Rattachant l'homme à Dieu, le travail le rattache aussi à ses semblables. Les innombrables échanges auxquels il donne lieu rapprochent des hommes qui semblaient n'avoir rien de commun, et font vibrer les fibres généreuses, les saintes fibres de la charité. Ce mot de charité, qui vient sous ma plume, rappelle le divin travail du dévouement qui cimente, mieux que tout, l'union des hommes entre eux. Quelle œuvre de concorde la sœur Rosalie n'a-t-elle pas opérée, pendant les cinquante ans où elle a

été la providence du faubourg Saint-Marceau,
et où elle s'est prodiguée sans réserve aux ma-
lades, aux enfants, aux vieillards ! Et, dans
une autre grande capitale, quelle œuvre d'apai-
sement et de rapprochement la célèbre Elisa-
beth Fry n'a-t-elle pas faite, en fondant, de
toute part, des refuges, des sociétés de secours
mutuels, des bibliothèques, des caisses d'épargne, des lieux d'instruction et de culte, etc. !
— Ce fut le travail de la charité qui inspira ces
deux saintes femmes et qui, malgré leurs dog-
mes différents, les unit sur le terrain commun
de l'amour. Et qui dira combien de cœurs ont vu
fondre leurs préventions et leurs âpres ressen-
timents, au souffle de cette activité chrétienne,
lien plus solide que les plus belles protesta-
tions. — De là découle naturellement que le travail est encore une semence de paix sociale,
puisqu'il rapproche et unit les hommes que tant
de causes séparent. En se rapprochant, on apprend à se connaître et à s'aimer. Le travail,
d'ailleurs, a besoin de la paix. Ceux qu'une

œuvre intéresse , autant par elle-même que par ses résultats, redoutent les événements qui tendent à la troubler ; loin de se jeter à l'étourdie dans les folles aventures des révolutions , ils se tiennent tranquilles au milieu des outils de leur labeur ; non qu'ils ressentent une égoïste indifférence à l'endroit du sort politique de leur patrie , mais, avec confiance, ils attendent, d'un progrès régulier et lent , ce que d'autres demandent à une commotion violente. Les troubles publics leur répugnent profondément , parce qu'ils brisent ou interrompent, pour des années, les conditions normales de leur travail. Si la guerre menace , ils la conjurent de leurs vœux et de leurs efforts ; sachant que les fruits du travail et de la vraie liberté se sèment dans la paix ; et, si elle éclate, ils font encore des vœux pour qu'elle finisse, n'aspirant « *qu'à for-* » *ger de leurs épées des hoyaux et de leurs hal-* » *lebardes des serpes* » (1). « Partout le travail

(1) Esaïe, II, 4.

» tend à remplacer la guerre et à répandre au
» sein des classes, autrefois esclaves et aujour-
» d'hui salariées, les germes d'une aisance qui
» sera le prélude et la condition de leur éman-
» cipation intellectuelle et morale. La culture,
» l'exploitation, l'embellissement du globe ter-
» restre, par des moyens que la science perfec-
» tionne chaque jour, promettent à la puissance
» de l'homme un noble et fructueux emploi, et
» lui permettront de s'affranchir un jour de ce
» joug odieux de la misère, sous lequel se dé-
» battent et se flétrissent encore de si nombreu-
» ses existences humaines » (1).

Evidemment, le travail aime la paix et la
consolide. De plus, lui seul fait apprécier les
douceurs du repos. Un repos continuel ou prolongé est aussi nuisible à l'âme qu'au corps et
devient même fastidieux, fatigant. Mais quand
le travail, un travail sérieux, assujettissant, pré-

____

(1) Ad. Guéroult, *Etudes de politique et de philosophie religieuse*,
p. 79.

cède le repos, celui-ci apparaît comme un suave délassement, comme une douce récompense ; et il procure une joie d'autant plus vive qu'on en a été ou qu'on va en être plus longtemps privé par le travail. Qu'est-ce qui, pour les enfants et même pour les hommes mûrs, fait le charme infini des vacances, sinon le travail qui les précède et qui les suit ? Il faut que le travail soit chose bien efficace pour que même quand il est suspendu, il soit utile encore par les délices qu'il communique au repos. — Mais cet avantage, quelque précieux qu'il soit, ne compte que pour peu auprès de l'adoucissement que le travail apporte aux amertumes de la vie. Il console en partie des misères du foyer, des tristesses de la dépendance, des supplices de la servitude. En travaillant, — l'esclave ne pense pas à sa chaîne, ni le serf à la tyrannie, ni le prolétaire à la dureté de son sort, ni l'homme public, ni l'écrivain à leurs douloureuses déceptions. — Ou s'ils y pensent, c'est avec l'espoir d'un affranchissement prochain, d'une réhabi-

litation future ; car, à force de travail, l'esclave
se rachète, l'ignorant dissipe ses ténèbres, le
prolétaire échappe aux étreintes de sa triste destinée, et le malheureux, trompé dans ses espérances, peut réparer ses échecs par d'éclatants
triomphes. En cette vie, les baumes ne manquent pas aux cœurs froissés ; mais, à coup sûr,
un des meilleurs est le travail. — Le travail n'est
pas moins pour l'âme une source de force et de
dignité que de consolation. S'il plie la matière
à mille formes et donne à l'intelligence son plein
essor, il retrempe également l'âme, ses éner-
gies naturelles, sa volonté, sa verdeur d'enthousiasme. L'outil à la main, l'ouvrier s'estime
à l'égal d'un roi, ne relevant que de lui-même,
se complaisant dans son œuvre, heureux et fier
de produire, d'être utile et d'avoir sa fortune et
son avenir dans sa tête ou dans sa main ; de là,
pour lui, un haut sentiment de valeur propre ;
il brave les éventualités ; s'il perd un poste, un
autre surgira bientôt ; avec ses ressources personnelles, il fera face à tout ; il ne compte que

sur lui-même, mais avec fermeté ; et cette assurance lui inspire une noblesse et un élan
d'âme qu'il est rare de trouver ailleurs au même
degré : — « Malheur à qui n'a pas appris à travailler, c'est une pauvre créature..... » (1). Par
contre, celui qui sait travailler, échappant aux
humiliations et aux souffrances, traverse la vie
la tête haute et le cœur content. — A l'école du
travail, on se forme enfin aux grands principes. Le travail, à sa manière, enseigne : la justice, la fraternité, la liberté, l'égalité, le devoir, la moralité, la perfection. — *La justice.....*
ai-je dit : en travaillant directement pour les
autres, l'ouvrier apprend à leur rendre ce qu'il
leur doit : temps, expérience, adresse ; et s'il
travaille pour lui, il apprend à soigner son œuvre, en vue de ceux auxquels les évolutions du
commerce la destinent ; — *la fraternité.....* son
travail n'est pas purement personnel ; il en revient toujours aux autres quelque chose, de

(1) Channing.

même qu'à son tour il bénéficie, à quelque degré, du travail de ses semblables ; le travail
est un lien entre les travailleurs divers ; leurs
moyens sont multiples ; au fond, leur but est
un : travailler pour le bien commun ; d'où naît
sans effort le sentiment fraternel ; — *la liberté*.....
individus et peuples ne sont libres qu'en se
possédant et ne se possèdent qu'en ne dépen-
dant d'une manière absolue de personne ; or ,
la force, l'aisance, la prospérité, choses qui
s'acquièrent par le travail , sont le plus sûr
moyen de dominer sa position, de jouir de l'indépendance ; — *l'égalité*..... sous la loi du travail, il n'y a ni exceptions ni priviléges ; pour
tous les hommes, cette loi est une nécessité
matérielle et morale ; pour tous, les résultats
de la paresse sont identiques et ceux du travail
aussi ; pour tous , l'activité, quelle qu'elle soit,
est honorable ; que de raisons par conséquent
qui font, de tous les travailleurs, les membres
égaux d'une même phalange ! — *le devoir*..... il
s'inculque sans doute par l'appel à la conscience

et par le commandement ; mais cette manière abstraite ne vaut pas celle des faits ; les faits saisissent avec précision, avec puissance. Quand le devoir se manifeste sous la forme d'une réalité palpable, d'une tâche spéciale, quotidienne, on le sent vivement, on s'y accoutume avec facilité et avec amour ; — *la moralité.....* la moralité résulte de l'ensemble de ce qui précède : du devoir, de la fraternité, de l'égalité, de la liberté, de la justice, dont le travail porte en lui le haut enseignement ; elle découle aussi de l'influence directement sanctifiante du travail sur les désirs et les pensées. Le travail les tourne dans une saine direction, vers un but élevé, et imprime à la vie un cachet d'ordre, de dignité et même de grandeur. Les travailleurs ne semblent-ils pas avoir conservé le monopole des sentiments sympathiques et généreux ? C'est de leur cœur que partent les résolutions magnanimes, les impulsions fécondes ; et l'histoire, du reste, montre que les peuples les plus laborieux sont aussi les plus moraux ;

— *la perfection......* c'est pour la perfection que nous sommes créés; telle est la vraie destination de l'homme qui se réalisera dans le temps ou dans l'éternité. Il importe qu'on s'en souvienne et qu'on y tende. Or, le travail concourt à cette fin. L'ouvrier consciencieux, ami de son art, s'efforce de progresser dans sa partie, de franchir la limite où il s'est arrêté la dernière fois, d'ajouter à la somme de ses travaux des travaux encore plus complets, plus solides, plus brillants, plus parfaits; et le goût de la perfection ne tarde pas à s'étendre du métier à l'esprit et à l'âme; en sorte que Channing a dit un mot d'une grande vérité en disant, que pour l'homme, « *chacun de ses coups de bêche ou de* » *marteau contribue à la perfection de sa na-* » *ture.* »

Qu'ils sont donc nombreux et considérables les fruits moraux du travail, soit ses fruits négatifs, soit ses fruits positifs ! Comment ne pas les reconnaître et les bénir? Comment, en présence de si heureux résultats, ne pas procla-

mer, avec Labruyère, que si le travail n'est pas
la vertu, « *il a été placé par Dieu comme senti-*
» *nelle, comme préparation de la vertu ?* » La
raison, l'expérience, les plus graves autorités
se réunissent pour donner gloire au travail et le
signaler comme une des plus énergiques puissances de moralisation qui soient au monde. Tous
ceux qui ont fait une étude spéciale des mœurs
des classes populaires, des moyens de les élever
et de les gouverner s'accordent en cela : nous
sommes heureux de pouvoir invoquer à l'appui
du fait que nous énonçons, le témoignage d'un
philosophe éminent : « *La liberté*, dit-il, *le tra-*
» *vail et la prospérité sont des compagnons insé-*
» *parables, et cela est aussi vrai pour les riches*
» *que pour les pauvres. Nous sommes tous des*
» *ouvriers, et notre condition à tous est de vivre*
» *par le travail, par notre propre travail. Le*
» *travail seul peut consolider la sécurité, la di-*
» *gnité, la liberté* » (1).

(1) J. Simon, *l'Ouvrière*, p. 317.

Et maintenant, malgré le nombre et l'importance incontestable de ses fruits, le travail ne
saurait être indiqué, ainsi que nous l'avons déjà
dit, comme un infaillible remède à tous les
maux, comme le principe universel et absolu
de tout bien et de tout progrès. Certainement,
les fruits que nous lui avons assignés ne sont
pas chimériques : Dieu, l'humanité, la patrie,
la famille, l'individu dans son corps, dans son
esprit, dans sa vie morale, en recueillent de
merveilleux effets; l'histoire entière l'atteste; et
chaque jour, pour ainsi dire, en fournit de nouvelles et frappantes preuves. Toutefois, il ne
faut oublier ni que les fruits du travail peuvent être éventuels, ni qu'il est rare de les
trouver réunis dans leur ensemble, ni qu'ils
n'ont pas toujours toute l'efficacité qu'on en attendait, ni surtout qu'il existe des principes d'un
ordre supérieur à celui du travail et auxquels il
faut premièrement penser, quand on aborde les
questions de régénération individuelle, de prospérité publique et de paix générale. Ces prin-

cipes se puisent dans la révélation et dans la conscience, ce qui sort naturellement du cadre de notre sujet (1). Tout ce que nous tenions à

(1) Pas plus que M. Guéroult, dans sa belle étude sur *La vie et la mort des nations*, nous ne comprenons la secrète répugnance qu'inspirent à certains hommes les conquêtes du travail, — à moins qu'ils ne supposent le paupérisme d'institution divine, éternel, et qu'instinctivement ils ne haïssent tout ce qui peut tendre à diminuer ou à détruire cette plaie sociale. Pour nous (certain d'ailleurs que notre Maître s'exprimait au présent et non au futur, quand il parlait aux siens des pauvres qu'ils *ont* toujours avec eux, Jean, XVIII, 36), nous ne pouvons qu'applaudir à tous les efforts et à tous les succès du travail, en vue d'alléger le lourd fardeau des classes populaires. Nous ne doutons pas avec M. Guéroult que le travail ne serve puissamment les destinées de l'humanité et ne concoure à son affranchissement matériel (paupérisme), à son affranchissement intellectuel (préjugés), à son affranchissement moral (passions). Mais il est deux points sur lesquels nous différons de l'éminent publiciste : le premier, c'est que le travail, tout seul, ne possède pas la vertu nécessaire pour opérer ce triple affranchissement ; le second, c'est que nous renversons les termes du problème , — les réformes intellectuelle et matérielle n'étant que des dépendances de la réforme morale, au point de vue de la succession logique, comme à celui de la valeur propre. A nos yeux, les intérêts moraux de l'humanité priment infiniment tous les autres ; et ceux-ci, loin de rien perdre, ont tout à gagner à cet ordre, aussi juste que naturel. La pureté du cœur, le refoulement des *passions* éclaire l'esprit, dissipe une foule d'erreurs et de *préjugés* (c'est du cœur que viennent les grandes pensées) ; comme aussi la lumière de l'esprit, combinée avec la vie morale, est encore un garant de bien-être matériel et un sûr moyen de réduire le *paupérisme*. Pour l'individu, sauf les exceptions, la chose est incontestable ; et comme, du petit au grand, c'est le même résultat, il n'y a

dire sans équivoque, c'est que le travail n'est pas
le fondement unique ni même essentiel de la vie
individuelle et sociale. Mais, cette réserve faite,
nous ne retranchons pas un mot de notre apo-
logie, que nous croyons vraie en tout point, et
qui, si elle manquait en quelque chose (elle
manque en beaucoup), manquerait précisément
par ses lacunes et par son défaut d'entraînante
chaleur. Sans le travail, on n'est rien et l'on ne
peut rien ; le travail est un devoir rigoureux et
une absolue nécessité; et, consciencieusement
fait, Dieu le couronne des plus beaux, des plus
excellents fruits. Qui se soustrait à son obligation, se prive de ses riches récompenses; mais
qui se plie joyeusement à sa loi sainte, re-
cueille, pour lui et pour les siens, son abon-
dante moisson.

qu'à généraliser pour rentrer dans l'ordre que nous estimons le seul vrai
et le seul efficace.

CHAPITRE IV.

LE PASSÉ ET L'AVENIR DU TRAVAIL.

« Utile, si je puis. »

Quand on jette un coup d'œil sur la route que nous venons de parcourir, on l'aperçoit, nous semblé-t-il du moins, unie et droite d'un bout à l'autre. Si cela n'est pas, cela devrait être ; car le travail est une loi, et dans une loi, même morale, loin que rien soit livré aux jeux du caprice, tout au contraire doit s'enchaîner et offrir un ensemble harmonieux.

Il s'agissait d'abord de s'assurer que le travail est une loi ; or, en présence de l'universalité du travail, en le voyant former la trame de l'histoire humaine, et découler des nécessités

individuelles et sociales les plus impérieuses,
— nous avons pu reconnaître au travail les
apparences, les caractères d'une loi positive.

La constitution corporelle et morale de l'homme
qui nous a conduits au même résultat, nous a
naturellement fourni la division du travail en :
travail physique et *travail intellectuel*, deux genres de travaux qui, au fond, ne sont *ni ingrats,
ni pénibles, ni déshonorants.*

Toute loi ayant son point d'appui, le travail
a aussi ses mobiles : *la crainte, l'intérêt, la
conscience, l'amour,* de plus en plus supérieurs,
s'adaptent graduellement aux divers progrès de
l'individu. Et comme, outre le point d'appui,
il faut encore à la loi une orbite fixe, il faut
également au travail une *méthode,* une ligne
régulière, afin d'éviter les écarts, *les abus,* qui
en compromettraient les résultats.

C'est en réalisant ces conditions diverses, que
la loi du travail produit nécessairement *les fruits*
dont elle est susceptible, pour *Dieu,* pour l'*humanité,* pour la *patrie,* pour la *famille,* pour

l'*individu*, fruits qui enrichissent tout à la fois la vie *matérielle*, la vie *intellectuelle* et la vie *morale*.

Cette série de considérations successives n'a rien d'arbitraire ; elle se déduit de la nature même des choses. Au fait, en ces matières, chacun est un juge compétent ; il suffit d'ouvrir les yeux pour se convaincre de la grande place qu'occupe le travail dans l'humanité. Ce n'est point à dire toutefois que nous admettions, comme l'école saint-simonienne, que le travail et ses bienfaits sont le but suprême à poursuivre ; non, le travail n'est pas le but ; il n'est qu'un moyen, encore même n'est-il pas unique et souverain. Le but est plus loin et plus haut : « *Liens de la* » *famille et de la patrie, culture des arts et de* » *l'intelligence, activité industrielle et sociale* » *sont une condition indispensable de notre exis-* » *tence, le chemin par où il faut passer, mais ne* » *sont pas le but lui-même : le but est le ciel* » (1).

(1) Vinet.

Oui, le grand but de l'homme ici-bas est le ciel, la préparation au ciel par une sainteté croissante; ce qui n'affaiblit en rien les inappréciables avantages du travail, ce qui n'empêche pas le travail, s'il ne sauve point les hommes, de de les moraliser; et, s'il n'ouvre pas la porte du ciel, de mettre du moins sur la voie qui y conduit.

Honneur, trois fois honneur au travail ! En embellissant, en honorant, en décuplant l'existence présente, il ouvre un jour sur les perspectives de la vie à venir; il y prépare même en élevant peu à peu l'homme à la perfection et en le reportant de l'activité terrestre à l'activité spirituelle (1).

Nul ne saurait, sans culpabilité, manquer à l'obligation de mettre en œuvre, par le travail, les dons qu'il a reçus. Dieu, la nature, la conscience, la justice, la charité, son intérêt per-

(1) Cette activité spirituelle est ainsi prescrite par Jésus-Christ lui-même : « *Travaillez*, non pas seulement pour la nourriture qui périt, » mais pour celle qui ne passe pas » (Jean, VII, 27).

sonnel, présent et futur, temporel et spirituel
lui en font un rigoureux devoir. Quelle honte,
quel crime, quel fléau qu'une vie stérile, consacrée à l'indolence ou au plaisir ! Comme si la
vie n'était pas un talent à faire valoir ! comme
si l'enfouir dans l'égoïsme n'était pas manquer
à soi-même autant qu'aux autres ! comme si, à
la moisson, on pouvait rien recueillir sans avoir
rien ensemencé !

Mais si l'on sème, en revanche, quelle moisson ! N'est-ce pas le travail qui a fait franchir
l'énorme distance qui sépare la barbarie primitive des splendeurs de la civilisation moderne ?
Que de travaux sans nombre et que de couches
de travailleurs, superposées dans la poudre,
n'a-t-il pas fallu pour arriver où nous en sommes ! « L'homme commence par le couvert im-
» médiat de son corps, par le vêtement. Dans
» le principe, c'est-à-dire à l'état de chasseur,
» il porte la peau de bête séchée au soleil ;
» mais après avoir émigré de l'état de chasseur
» à l'état pastoral, il file la laine et prend le

» manteau. Avec le temps il passe à la vie agri-
» cole, et un jour il remarque, à côté du champ
» de blé, une plante sociale dont la tige broyée
» et blanchie à la rosée du matin, donne un
» tissu plus frais et plus léger que la laine.
» L'invention du drap ou de la toile marque
» tout un ordre de sentiments dans l'huma-
» nité..... Après le vêtement, la maison. A
» l'origine, quand il vit au jour le jour, à la
» poursuite du gibier, il remise sous la hutte
» ou dans le creux du rocher. Bientôt il garde
» le troupeau, il file la laine, il la tisse, il la
» tend sur sa tête au coup du crépuscule, et il
» dort à l'abri de la tente, habitation flottante,
» vagabonde, qu'il plante et qu'il lève sans
» cesse, à mesure que la brebis, sans cesse en
» quête de pâturage, l'entraîne à sa suite de
» contrée en contrée. Mais à peine a-t-il pris
» racine au champ, qu'il bâtit sa maison en
» pierre et la recouvre d'une charpente. La mai-
» son consiste alors en une seule pièce vide,
» nue, à l'image et sur le moule de la pauvreté

» et de la simplicité de cette époque de civili-
» sation. — L'homme secoue la poussière de
» la glèbe et entre dans la cité. Il accroît alors
» son existence ; il l'accroît par l'industrie, il
» l'accroît par la science, il l'accroît par l'étude,
» la sympathie, la conversation, l'amour... » (1).

Une fois lancée par le travail dans la voie du
progrès, l'humanité y marche avec une rapidité
croissante. Les ressources des sciences, des arts
et de l'industrie multiplièrent à l'infini les produits de toute sorte qui, actuellement, répon-
dent avec tant d'abondance à tous les besoins
naturels et factices de chacun : « La main sur
» la conscience, — qui a donné à l'homme
» l'arc, le troupeau, la charrue, la tente, la
» maison, la cité, le vêtement, le feu, le fer,
» la lance, la coupe, l'horloge, pour ne citer
» que ces sublimes annexes de l'humanité, si-
» non cette providence intérieure, appelée per-
» fectibilité, sans cesse mécontente du jour,

(1) E. Pelletan, *Le monde marche*, p. 88, 89.

» sans cesse en quête du lendemain, et char-
» gée dès l'origine d'étayer, sur notre nature
» inachevée, la seconde nature de la civilisa-
» tion? » (1) Et cette perfectibilité, comment se
produit-elle au dehors et enfante-t-elle toute une
série de progrès supérieurs les uns aux autres,
si ce n'est par un travail opiniâtre et continu?
Le travail est donc à la base des développements humanitaires, et c'est lui qui, à la nudité ou aux loques de la misère primitive, a sub-
stitué le sompteux manteau de la civilisation.

Que ces effets qui frappent tous les yeux nous
stimulent, et que, comme nous avons hérité
des travaux de nos ancêtres, — nos arrière-neveux héritent de nos propres travaux. Prenons
modèle sur les grands travailleurs de l'histoire,
et léguons de semblables exemples à ceux qui
viendront après nous : Socrate, à soixante ans,
entreprend la guerre du Péloponèse, et, chargé
d'une pesante armure, il contribue à sauver

(1) E. Pelletan, id., p. 96.

l'armée, menacée d'une complète destruction.
Aristote, l'un des plus vastes génies et des plus
actives natures qui aient paru, — exalte le travail
et veut, dans sa *Politique*, que l'adulte soit soumis
aux plus rudes pratiques du gymnase. Pompée,
à cinquante-cinq ans, lutte, court, saute, lance
la barre aussi bien qu'un simple soldat. Démos-
thènes, après les plus laborieux exercices, délie
sa langue et devient l'un des premiers orateurs
du monde. Sixte-Quint, de la garde des pour-
ceaux, s'élève, par le travail autant que par ses
dons naturels, au trône pontifical. Le czar
Pierre Ier, quittant les splendeurs du trône,
descend dans la vie privée, prend le costume,
les instruments, les mœurs de l'ouvrier, manie
la hache et le compas, travaille dans les forges, dans les corderies, dans les moulins, —
visite une foule de chantiers et d'ateliers, —
afin d'introduire au milieu de son peuple, après
les avoir appris lui-même, les sciences, les arts,
les métiers qui devaient le civiliser. Buffon, tous
les jours, pour travailler, se lève avec le soleil.

Benjamin Franklin, qui végète toute son enfance, parvient, à force de travail, à une réputation universelle ; etc., etc. Nommons encore Bernard Palissy; ce roi des travailleurs, né à Agen en 1500, mérite une mention spéciale. Avant d'inventer les rustiques figulines et les poteries émaillées, qui furent une des gloires de son siècle, — il fait preuve d'une indomptable énergie. Sachant à peine lire et écrire, il apprend seul le dessin, l'arpentage et la peinture. Un jour, saisi d'enthousiasme à la vue d'une magnifique coupe émaillée, il fait vœu de se consacrer à la recherche de la composition de l'émail, connue seulement de quelques artistes italiens. Mais chargé de famille, il est dénué de toute ressource, et ses premiers essais ont vite épuisé ses maigres réserves. Peu importe, il reprend avec acharnement la poursuite de son idée ; obligé de travailler au moins de frais possible, il met la main aux travaux les plus grossiers et se bâtit lui-même un four, en charriant sur son dos le mortier, les briques, tous les matériaux nécessaires. Le four achevé, les fournées commencent ; hélas ! il en manque un grand nombre, et chacune est une nouvelle ruine pour son pauvre ménage. Alors sa femme, qui, avant tout, veut du pain pour ses enfants, se plaint avec amertume, et ses voisins l'accablent de lâches railleries. Mais lui, inflexible, persiste froidement et résolûment dans son entreprise, à laquelle il se sent capable de tout sacrifier ; car, une fois, manquant de combustible pour chauffer son four, il n'hésite pas à y consacrer tout ce qu'il trouve dans la maison qui peut servir à cet usage : les chaises, les tables, le plancher même. Cruelle déception ! cette fournée, sur laquelle il concentre toutes ses espérances, manque encore ; et il a le courage de briser les poteries mal réussies qui en sortent, préférant ne pas payer ses créanciers que de leur vendre des œuvres imparfaites ; du coup, il passe pour fou et tombe malade. Bientôt après, incorrigible, il recommence ; nouveaux revers ! Aussi est-il vrai de dire, avec M. Haag, que « *sa vie*

» *est un combat perpétuel de l'homme de génie*
» *aux prises avec la nature pour se l'assujettir.* »
Cela dure seize années ! Enfin, le plus beau
succès couronne sa persévérance inouïe : il découvre le précieux secret de l'émail ! Aussitôt
sa destinée se transforme. Sous le patronage de
Montmorency, il se rend à Paris, puis au châ-
teau d'Ecouen ; et partout, comme par enchan-
tement, les chefs-d'œuvre jaillissent de ses doigts.
Henri II lui achète ses brillantes poteries ; Ca-
therine de Médicis lui confie l'embellissement
des jardins royaux ; et, soit imitation servile,
soit goût, les premiers seigneurs de la cour or-
nent leurs demeures de ses rustiques figulines.
Ainsi, peu à peu, Palissy s'élève au rang des
plus grands artistes du seizième siècle. — Comme
il jouissait du privilége d'habiter le palais des
Tuileries, il échappa, quoique fervent hugue-
not, au massacre de la Saint-Barthélemy ;
mais ce ne fut que pour périr ensuite au fond
d'une prison, où l'enfermèrent les ligueurs.
— Le dix-huitième siècle ne se lassa point de

chanter ses louanges; fidèle au même esprit, le dix-neuvième prépare au célèbre artiste un monument digne de lui : une édition splendide de ses œuvres complètes (elle coûtera 400 fr.); et nous apprenons par le *Moniteur* qu'une commission, dont fait partie S. E. M. de Chasseloup-Laubat, ministre de la marine, s'occupe, à cette heure, de lui ériger une statue, dans la ville de Saintes, où il vécut longtemps. Actuellement encore, ses figulines et ses émaux font l'admiration des connaisseurs. — L'immortalité la plus glorieuse lui est acquise; car le temps respecte ce qui se fait avec lui, et c'est sur le temps qu'il a fondé son art et sa réputation, — avec un acharnement de travail qui tiendrait de l'aliénation, s'il ne tenait du génie.

Tels sont les fruits du travail dans quelques-uns de ses plus illustres représentants. Ces fruits, merveilleux dans le passé, que ne le seront-ils pas dans l'avenir !

Est-il possible de marquer, dans l'avenir, un point qui serve de borne aux prodiges du travail? Est-il possible de prévoir toutes les applications nouvelles que l'on fera de la vapeur, de l'électricité, du feu, des plantes, des métaux, des corps si nombreux déjà connus? Et, à plus forte raison, comment se faire une idée des corps, plus nombreux encore, qui seront plus tard découverts, dont chacun peut-être donnera naissance à d'autres industries, ou tout au moins imprimera une impulsion inespérée aux industries anciennes? Ne reste-t-il pas au travail à parcourir une carrière plus étendue, plus utile et plus éclatante que celle qu'il a fournie jusqu'à présent?

L'avenir est à Dieu ; Dieu seul connaît les richesses et les gloires de l'avenir.

Mais, pour autant qu'il est permis à l'homme de jeter en avant un regard d'espérance et de juger de l'avenir du travail par son passé, — on ne peut se défendre d'un enthousiaste ravissement. Chaque invention, chaque idée nouvelle qui surgit est une lumière qui dévoile des horizons à perte de vue ; chaque machine com-

munique au progrès une vitesse incalculable ;
et, d'un instant à l'autre, le fait le plus insignifiant peut transformer toutes les conditions
de la vie sociale et grandir de cent coudées la
taille des individus et des peuples : révolution
universelle, deux fois accomplie déjà dans l'ère
moderne, — une première fois par les caractères que l'amour traça sur l'écorce d'un arbre et
qui valurent au monde l'imprimerie ; — une
seconde fois par la simple vapeur qu'un couver-
cle de marmite comprimait en vain, et qui
s'élevait dans les airs en tourbillonnant. Lorsque d'un rapide coup d'œil sur les siècles écou-
lés, on contemple tout ce qui a été fait, et
lorsque, d'un autre côté, on réfléchit aux immenses et croissantes ressources dont l'esprit et
la main disposent, — on se demande, l'imagination confondue, si l'on s'arrêtera jamais.

Que ne reste-t-il pas encore à faire ? Comment
l'énumérer ? comment même le pressentir, quand
une part si large revient à l'imprévu, quand
une découverte entièrement inopinée peut être

l'occasion de cent autres découvertes, quand les calculs les plus fondés et les espérances les plus brillantes peuvent être dépassées par le moindre incident qui révélera des mondes nouveaux ?

Tout au moins, faudra-t-il éclaircir les mystères de la création, déchiffrer le langage des lois de la nature, dont on bégaie encore à peine les premiers mots ; — sonder l'esprit et le cœur humain jusqu'en leurs plus secrets replis ; — dégager la vérité de ses langes, la saisir en toute chose, dans sa plénitude, et la faire briller de son plus vif éclat ; — créer la philosophie universelle par la double pénétration du monde matériel et moral, dont l'un n'est que l'image de l'autre et qui peuvent se ramener à une unité suprême ; — édifier ainsi le système unique et complet qui embrassera, dans un vaste plan, l'ensemble de tout ce qui est, et rendra rationnellement compte du plus imperceptible détail ; — concilier par conséquent les antinomies qui semblent irréductibles et font le désespoir des penseurs ; — puis, dans l'ordre purement maté-

riel, percer les montagnes, comme on perce le
mont Cenis, pour qu'au moyen de tunnels les
peuples puissent avec rapidité se mêler dans
un commun courant; — unir toutes les nations,
les continents, les îles, les cités, et poursuivre
jusqu'à sa parfaite réalisation le divin principe
de l'humanité une et solidaire; — mettre les
peuples les plus distants en communion di-
recte, instantanée par les poteaux télégraphi-
ques ou les câbles sous-marins, ainsi qu'on l'a
déjà fait pour l'Afrique et la France à travers
la Méditerranée, pour la France et l'Angleterre
à travers la Manche et comme on l'a même
tenté pour l'Europe et les Etats-Unis à travers
l'Océan; — canaliser les fleuves et les rivières;
— multiplier les chemins et les routes; — pous-
ser jusqu'aux moindres villages les dernières
ramifications des lignes ferrées; — découvrir le
secret de la langue universelle, des voyages
aériens, de la vie des millions de globes qui peuplent le monde sidéral; — assainir les immenses
plaines de marais; — creuser des puits artésiens

au sein des déserts pour les faire fleurir ; — décupler les productions agricoles ; — transformer les logements insalubres ; — détruire entièrement lc paupérisme, les préjugés, les fraudes que la science chaque jour démasque un peu mieux ; — renouveler les lois et les mœurs ; — répandre à flots l'instruction, le bien-être ; — fonder partout des crèches, des caisses d'épargne, des sociétés de secours mutuels et de tempérance, des pensions d'apprentis, des patronages de toute sorte, des cités ouvrières, des colonies agricoles, des sociétés alimentaires, des hôpitaux, des refuges, des orphelinats, etc., etc. — Le champ de l'avenir est illimité, le progrès indéfini ; et, lorsque au dernier jour un vent de tempête emportera la terre, même alors, la sainte mission du travail ne sera pas achevée ; sur une scène nouvelle et dans de nouvelles conditions, elle recommencera : à l'activité de la terre succédera l'activité des cieux !

Loin de nous la pensée d'inspirer à l'homme un fol orgueil, de l'ériger en une sorte de Titan,

capable d'escalader le ciel et de supplanter Dieu.
Quoique son travail soit l'objet de notre profonde admiration, nous n'avons garde de le représenter comme un magique talisman, auquel
rien ne résiste : nul ne sent mieux que nous
combien à l'influence du travail doivent se mêler
d'autres influences, pour que l'œuvre de la transformation progressive de l'humanité s'accom-
plisse. Mais nous tenons à dire, nous affirmons,
avec toute l'énergie d'une âme couvaincue, —
que, sans le travail, les peuples, tout comme
les individus, péricliteraient au lieu de grandir,
et tomberaient en décadence au lieu de fonder,
sur les riches assises du passé, le bel édifice
que les générations futures doivent augmenter
encore et toujours, jusqu'à la fin des temps.

Une glorieuse mission est échue aux travailleurs du dix-neuvième siècle. Pourvus par leurs
devanciers d'un prodigieux capital de connaissances et de progrès, — il leur a été possible

de provoquer, en ces derniers temps, une explosion de découvertes, dont l'une n'attendait pas l'autre et, toutes si précieuses, que l'on se dit heureux de les avoir vues, avant de mourir. Que sera-ce de nos arrière-neveux et de ceux qui les suivront, si, chacun fidèle à son poste, accomplit, en conscience, l'œuvre particulière qui lui est dévolue, quelque humble qu'elle soit?

— Rien n'est indifférent dans l'ensemble; de près ou de loin, tout concourt au progrès général; que chacun donc y concoure, par tous ses efforts, par tous ses moyens. Comme un père, près d'expirer, prépare avec amour le terrain sur lequel, après lui, va s'engager son fils, — disposons aussi, d'une manière efficace pour les siècles futurs, les matériaux qui leur serviront à faire avancer, plus et mieux que nous, la destinée de l'humanité. Ne nous inquiétons, ni de la nature de notre travail, ni de ses résultats immédiats; l'essentiel est de travailler; il n'y a pas seulement à cela obligation morale, mais encore nécessité pour tous.

Que le travail nous soit sacré. Que notre devise, sans cesse présente à notre pensée, devienne : « *utile, si je puis;* » et Dieu veuille que nous y conformions toute notre vie ! Nos semblables y gagneront beaucoup et nous n'y perdrons rien : c'est une des conséquences providentielles de la loi du travail qu'en servant aux autres, il serve encore davantage à soi-même.

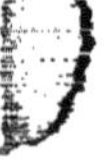

TABLE DES MATIÈRES.

---

www.ingramcontent.com/pod-product-compliance
Ingram Content Group UK Ltd.
Pitfield, Milton Keynes, MK11 3LW, UK
UKHW020152130726
13696UKWH00002B/467